REPENSANDO
a educação brasileira

JOÃO BATISTA ARAUJO E **OLIVEIRA**

REPENSANDO
a educação brasileira

O QUE FAZER PARA TRANSFORMAR NOSSAS ESCOLAS

SÃO PAULO
SALTA – 2015

© 2014 by Editora Atlas S.A.

Capa: Leonardo Hermano
Composição: Luciano Bernardino de Assis

Dados Internacionais de Catalogação na Publicação (CIP)
(Câmara Brasileira do Livro, SP, Brasil)

Oliveira, João Batista Araujo e
Repensando a educação brasileira / João Batista Araujo e Oliveira.
São Paulo: Atlas, 2015.

Bibliografia.
ISBN 978-85-224-9524-5
ISBN 978-85-224-9525-2 (PDF)
ISBN 978-85-224-9526-9 (ePUB)

1. Educação – Brasil   I. Título.

14-11314
CDD-370.981

Índice para catálogo sistemático:

1. Educação : Brasil   370.981

TODOS OS DIREITOS RESERVADOS – É proibida a reprodução total ou parcial, de qualquer forma ou por qualquer meio. A violação dos direitos de autor (Lei nº 9.610/98) é crime estabelecido pelo artigo 184 do Código Penal.

Depósito legal na Biblioteca Nacional conforme Lei nº 10.994, de 14 de dezembro de 2004.

Impresso no Brasil/*Printed in Brazil*

Editora Atlas S.A.
Rua Conselheiro Nébias, 1384
Campos Elísios
01203 904 São Paulo SP
011 3357 9144
atlas.com.br

SUMÁRIO

Prefácio   ix

Introdução   xiii

Parte I – O problema   1

01   A Escola desconstruída   3

A ideia de cultura   6

Reconstrução da Escola: o *Homo oeconomicus* em socorro do *Homo sapiens*   11

Na encruzilhada   13

02   Diagnóstico   17

As virtudes   18

Estratégia e estrutura: falta ordenamento   24

Os sete pecados capitais da educação   27

03   Causas   49

1) Falta pressão para mudar   49

2) A vala comum, o Brasil é assim   52

3) Manutenção da estratégia expansionista   53

4) O clientelismo   55

5) A burocracia   56

6) O corporativismo crescente e seus reflexos   57

7) As distorções do federalismo brasileiro   60

8) Despreparo para lidar com novas clientelas   65

9) Dificuldades crescentes na gestão escolar   67

10) A escola sob suspeita   69

Em síntese   71

Parte II – Componentes de um sistema educativo   73

04   Critérios para repensar a Escola   75

Critério 1 – Experiência de outros países: alguns exemplos   75

Critério 2 – Parâmetros, ou *benchmarks*, para definir o êxito   82

Critério 3 – Educação baseada em evidências   86

Em síntese   89

05   Repensar os fatores estruturantes: os dez pilares do edifício educacional   91

1) Repensar o papel da Escola na educação e na sociedade   92

2) Repensar a Escola para o século XXI   93

3) Repensar os currículos   95

4) Repensar carreiras de magistério   103

5) Repensar o federalismo   116

6) Repensar o financiamento   118

7) Repensar a avaliação e seus usos   124

8) Repensar a gestão escolar   126

9) Repensar os sistemas de incentivo   130

10) Repensar o ensino face às novas tecnologias   131

Em síntese   139

06   Repensar estrategicamente as políticas e sua articulação   141

1) Políticas para a Primeira Infância   142

2) Políticas para o ensino fundamental   150

3) Ensino médio diversificado   156

Sumário **vii**

4) Políticas para a juventude   159

5) Desafios do ensino superior   162

6) Educação especial   164

Articulações e transições   165

Em síntese   168

Parte III – Como chegar lá   169

Sugestão 1: Criar pressão social   173

Sugestão 2: O terceiro setor   175

Sugestão 3: O quarto setor, ou o papel dos meios de comunicação   176

Sugestão 4: De volta ao primeiro setor, ou o governo federal   177

Sugestão 5: Os governos estaduais   182

Sugestão 6: Os governos municipais   184

Em síntese   184

Referências   187

PREFÁCIO

Qual a semelhança entre a medicina e a educação?

A medicina existe há milênios e, durante a maior parte de sua história, combinou práticas selecionadas pelo tempo com teorias mais ou menos mirabolantes para explicar por que o paciente perdera a saúde e o que deveria fazer para recuperá-la. Era basicamente uma questão de sorte receber um tratamento baseado em evidências empíricas, que tinha alguma chance de funcionar, ou um derivado de uma "ciência" puramente racionalista que podia pôr o doente sob riscos consideráveis, como submetê-lo a uma sangria ou fazê-lo ingerir altas doses de mercúrio. No embate entre a teoria e os resultados práticos, o médico frequentemente optava pela teoria – e nem tinha como avaliar os resultados de forma sistemática.

Curiosamente, essa situação perdurou até a segunda metade do século XX, apesar do fato de que o método científico estava razoavelmente bem estabelecido desde o final do XVIII. Foi só a partir da década de 1970 que começou a ganhar corpo o conceito de medicina baseada em evidências, que, valendo-se de estudos quantitativos e da estatística, tenta fazer com que seja a ciência e não a arte que paute as decisões médicas tomadas à beira do leito. A dificuldade é fazer com que os profissionais de saúde troquem seus instintos e teorias favoritas por abstrações matemáticas que, embora concentrem grande dose de informações relevantes, falam muito pouco ao coração.

A educação está hoje onde a medicina se encontrava quatro décadas atrás. A matéria-prima e as ferramentas necessárias para torná-la um pouco mais científica e menos intuitiva estão aí, mas professores, autoridades e a própria população usuária dos serviços escolares ainda resistem em dar esse passo. Preferem aferrar-se às suas filosofias de estimação, que prescrevem um pouco de tudo. Uma das mais populares é a ideia de que é preciso investir maciçamente no sistema. O governo já ameaça aplicar 10% do PIB em educação, pouco importando que as evidências mostrem não existir nenhuma correlação entre nível de gastos e desempenho escolar.

Nesse contexto, a publicação de *Repensando a educação brasileira* não poderia ser mais oportuna. João Batista Araujo e Oliveira, um dos pioneiros do movimento pela educação baseada em evidências no Brasil, está bem há um par de décadas tentando convencer as pessoas a olharem para os dados, não para seus tratados filosóficos de cabeceira. Tomei conhecimento de seu trabalho há alguns anos enquanto pesquisava métodos de alfabetização para uma reportagem jornalística. João Batista era enfático na necessidade de aposentar os sistemas de inspiração construtivista e adotar resolutamente métodos fonológicos. Hoje, essa tese não apenas é a política oficial de grande parte dos países desenvolvidos como ainda vem ganhando amparo da neurociência.

O que *Repensando a educação brasileira* faz é multiplicar essa reveladora experiência por vários subcampos da educação. Valendo-se da já considerável massa de estudos e dados brutos, João Batista mostra o que pode funcionar e o que decididamente não funciona em áreas tão diversas como gestão escolar, uso de tecnologia, tamanho das turmas, currículo, métodos de ensino, e traça sugestões realistas do que fazer para tentar melhorar a qualidade do ensino brasileiro, que é, senão desesperadora, pelo menos muito preocupante.

Com sobriedade, o autor alerta o leitor contra as soluções mágicas, não raro contrabandeadas por interesses corporativistas, que tudo resolveriam. Ele não apenas nos recorda de que as balas de prata pertencem ao reino da ficção, como ainda enfatiza a necessidade de que os passos que precisam ser dados têm de formar um conjunto coerente, ou o esforço não resultará em nada.

Democrático (embora eu suspeite que João Batista não é muito fã do que esse adjetivo se tornou no contexto dos debates educacionais), ele mostra que mesmo medidas que já se mostraram funcionais em outros países precisam ser muito bem discutidas antes de ser introduzidas por aqui, uma vez que, para ele, grande parte dos descaminhos pedagógicos por que nos embrenhamos se origina na falta de um consenso social sobre a função da escola e sobre o que ela deve ensinar.

Repensando a educação brasileira não deve, portanto, ser visto como um livro de receitas acabadas nem como um mapa rodoviário que nos ensinaria a chegar a um determinado ponto, mesmo porque ainda não há muita clareza sobre qual deve ser esse ponto. É mais uma obra reflexiva que, embora esteja calçada na melhor ciência disponível, propõe mais dúvidas do que empunha certezas. Qual escola queremos? Qual é a escola possível para o país?

João Batista não nos dá respostas prontas a todas as perguntas difíceis, mas com certeza oferece subsídios para pensar essas questões de forma científica. Trocar a pedagogia do instinto pela baseada em evidências é o primeiro passo necessário para uma reforma educacional que tire o Brasil do buraco em que nos enfiamos.

Helio Schwartsman

Setembro de 2014

INTRODUÇÃO

Nos últimos anos, a educação tornou-se um campo de disputas políticas e ideológicas. Mas pelo menos entre especialistas e formadores de opinião há um consenso: a escola pública brasileira não funciona e a escola particular não é lá essas coisas. Essa constatação tem sido tratada como diagnóstico da má qualidade da educação, mas sem aprofundar as causas. O fato de a escola não funcionar para os indivíduos e para a sociedade é apenas um sintoma de uma ruptura maior que abala a própria noção do que seja a escola, do seu papel na sociedade e das condições necessárias para seu funcionamento como instituição. Este livro trata do problema da Escola, não dos problemas cotidianos das escolas.

É possível alinhar os rumos?

Mudar a educação é difícil. Mesmo porque a sua condição espelha a situação histórica e contemporânea do Brasil. Somos um país desigual, a educação é desigual e reproduz (em certos casos aumenta) a desigualdade. Somos um país em que os serviços públicos em geral são precários, ineficientes e de má qualidade. A educação não é diferente. Somos um país de pelo menos dois Brasis, e na educação não é diferente. Somos um país em que interesses particulares e corporativistas dominam setores inteiros do Estado nacional, obstruindo qualquer possibilidade de gestão e funcionamento eficientes, o que também ocorre na educação. Somos um país em que "conquistas" obtidas por quaisquer meios transformam-se em direitos invioláveis, ainda que a custo do sacrifício das gerações atuais e futuras.

A resposta vale um milhão de dólares: o que fazer para melhorar a educação no Brasil?

Este livro não tem qualquer ambição de oferecer "A solução", pois sequer se propõe a oferecer soluções. Planos mirabolantes têm sido um dos motivos do sintoma da "escola que não funciona". Perdemos o vínculo com a tradição da Escola: a educação sempre existiu para transmitir a cultura e a Escola foi o instrumento social criado para esse fim. A sociedade pós-moderna substituiu a cultura pelas culturas, o saber pelos saberes. A Escola perdeu o chão. Ensinar deixou de ser sua função principal, as disciplinas perderam credibilidade e com isso os professores que ainda as dominavam perderam sua fonte de autoridade. Não conseguimos fazer a travessia entre uma ideia de Escola que esboçamos no início do século XX, ainda que para alguns, e uma escola para servir a todos. A escola "democratizada" oferecida à maioria da população é uma versão caricata.

Este livro não representa também qualquer ambição de ser um muro de lamentações. O que se propõe aqui é provocar um debate a respeito das escolas que temos, dos fundamentos de um projeto educacional apoiado num conceito minimamente adequado de Escola e das possibilidades e limites que temos para repensar essa instituição. Os limites são enormes e, aparentemente, intransponíveis, pois estamos próximos à anomia no que diz respeito à natureza e à função da educação e da escola na sociedade pós-moderna. Dentro disso, qual é a educação possível? Qual é a escola possível? Que critérios devemos usar para repensar a educação? De que servem e como podemos nos beneficiar das evidências científicas? Dos *benchmarks* internacionais? Da experiência de outros países? Que temas precisam ser repensados? É realista esperar uma revolução na escola com base nas tecnologias de informação? Que políticas substantivas é necessário estabelecer? Enfim, o que é preciso e possível fazer numa sociedade em que todos nós somos portadores de direitos e poucos se sentem portadores de deveres?

Precisamos recolocar a escola brasileira nos eixos. Dada a falta de consensos básicos, é quimera procurar terrenos propícios ou fundações sólidas. Quem sabe será possível reconstruí-la a partir de uma teia de instituições que precisam ser recriadas, fortalecidas ou constituídas. Nossos jovens e nossas crianças não estão aprendendo como deveriam e poderiam, estão sendo privados de participar dos benefícios e oportunidades oferecidos aqui e fora de nosso país, mas, sobretudo, estão sendo privados de uma educação que lhes permita fazer melhor do que fez a nossa geração. É nossa responsabilidade ajudar a encontrar e corrigir os rumos. Por isso, este livro serve também de alerta, convite e convocação ao debate.

Para início de conversa, o livro deixa bem claro que nosso sistema educacional, apesar dos ínfimos progressos amplificados pelos alto-falantes governamentais, não está no caminho certo e sequer iniciou um processo de reforma da educação. Reforma da educação começa com P: professores recrutados dentre os jovens mais talentosos de sua geração. São esses que farão nossa reforma educativa. Cabe a você, leitor, descobrir como atraí-los para o magistério.

Este livro oferece algumas pistas. Para tanto, está organizado em três partes: o problema, possíveis caminhos e como chegar lá. Na primeira parte analisamos o problema. O Capítulo 1 mostra como o conceito de Escola foi desconstruído e as implicações disso para um projeto de educação. O Capítulo 2 apresenta um balanço da educação no Brasil, começando pelos poucos avanços e documentando os principais problemas de eficiência, eficácia e equidade. O Capítulo 3 analisa as causas desses problemas, sendo a principal delas a falta de consenso sobre a função da Escola.

Na segunda parte analisamos as condições necessárias para um projeto educacional ser bem-sucedido dentro das limitações impostas pela falta de um consenso a respeito do que seja o papel da Escola. O Capítulo 4 sugere critérios que poderiam ser usados para o estabelecimento de um diálogo, debate e bases para formulação de políticas em educação. Com base nesses fundamentos, inclusive na experiência dos países mais bem-sucedidos em educação, o Capítulo 5 trata dos conceitos, instituições e instrumentos essenciais em qualquer sistema educacional. O Capítulo 6 delineia os principais desafios associados às políticas substantivas para os diversos segmentos.

A terceira parte trata da implementação de uma reforma educativa e de seus desafios, bem como apresenta sugestões para a ação para diferentes níveis de governo, legisladores e para todos os que, como você, leitor, ocupam posições de liderança na sociedade.

PARTE I

O problema

Para que serve a Escola e qual é sua função na sociedade? A resposta a essa questão é o princípio básico de ordenamento de um sistema educativo. O Brasil perdeu esses referentes e a Escola perdeu seus vínculos com a tradição e, mais do que sem meios, encontra-se sem rumos. Sem consensos básicos a respeito da função da escola e de seu papel na educação e na sociedade é difícil construir e implementar uma política educacional. Este é o tema do Capítulo 1. No Capítulo 2 apresentamos um quadro diagnóstico. Começamos pelos aspectos positivos: poucas exceções que podem servir para retomar o elo perdido. Os dados a respeito das estratégias, da eficiência, qualidade e equidade, apresentados no Capítulo 2, são interpretados à luz das causas desses problemas. São causas históricas, políticas e socioculturais que permanecem no panorama, agravado pela falta de consensos básicos apresentada no Capítulo 1. Conhecer a própria realidade é o ponto de partida para quem se propõe a mudá-la.

01

A ESCOLA DESCONSTRUÍDA

> *O sapo, se for posto em água fria e a temperatura subir devagar, não perceberá que está morrendo.*

A Escola no Brasil encontra-se numa encruzilhada: ela nunca teve um papel tão importante para os indivíduos e para a sociedade. Mas também nunca foi tão atacada, desprestigiada e impotente para cumprir a sua missão. Mas qual é a missão da Escola? Para que serve a educação? O que tem a Escola a ver com educação? Cabe começar pelo começo: de onde vem a Escola e qual é a sua relação com a educação?

No princípio era a tradição oral. As sociedades, com suas diferentes formas de organização, transmitiam às futuras gerações os conhecimentos necessários e suficientes para sobreviver e adaptar-se às mudanças. Esses conhecimentos se chamam "cultura". Uma palavra-chave é "tradição". Tradição significa trazer, atualizar, é um conceito dinâmico, que não pode ser confundido com a palavra "conservar". A segunda palavra-chave é "cultura", o arsenal de informações, habilidades, valores, práticas, critérios de decisão. A palavra carrega consigo a ideia de algo permanente, durável, o patrimônio transmitido de geração em geração. A terceira palavra-chave é "sobrevivência". A transmissão da cultura tinha como missão primária assegurar a sobrevivência do indivíduo e, através dele, da espécie.

Com a invenção da escrita, há mais de 4 mil anos, e o aperfeiçoamento do alfabeto, cerca de três mil anos antes de Cristo, inaugurou-se uma nova forma de comunicação que, por sua vez, possibilitou um novo modo de transmissão cultural. Dois mil e quinhentos anos mais tarde os gregos operaram o início da transição entre a tradição oral e a tradição escrita, notadamente com Sócrates representando o final da tradição puramente oral e Platão inaugurando a tradição escolar. Especialmente na *República* e nas *Leis*, Platão desenvolve o projeto clássico da educação. Três termos são fundamentais: *scholê*, *technê* e o ginásio.

Scholê era o lugar do ócio intelectual, do prazer de cultivar o espírito. Ou, como diria o poeta e romancista Ariano Suassuna, o lugar da "boa preguiça". Cultivar o espírito significa empreender o ordenamento socrático sobre o conhecimento de si mesmo ("uma vida não examinada não merece ser vivida") e a busca da verdade pelo cultivo do conhecimento. Na tradição platônica, conhecer significa converter-se à verdade, significado também presente nas tradições judaica e cristã. A busca da verdade não é apenas uma atividade cognitiva, é uma atividade volitiva. Tradição, tradição, tradição, não se pode falar em educação sem falar em tradição. Não se pode, ou pelo menos não se podia, falar em educação sem falar em valores absolutos.

A arquitetura do edifício educativo na proposta platônica era complementada por duas outras instituições. *Technê*, de onde herdamos a palavra *tecnologia*, refere-se aos conhecimentos e habilidades artísticas e práticas, onde se desenvolvia o que hoje chamamos de ciências e humanidades, mas também as artes e ofícios. O **ginásio** era o espaço para o desenvolvimento físico. A educação integral envolvia todos esses aspectos, porém não significa que era accessível para todos, nem que todos os indivíduos passavam ou deveriam passar por essas três vertentes. Aristóteles consolidou o conceito de currículo que preparava o indivíduo para a Filosofia, o encontro final com a Verdade (filósofo é o amigo da verdade). Na tradição grega o conhecimento era indissociável da ética e do compromisso com a busca da verdade.

Um detalhe metodológico: é nessa mesma fonte que encontramos a definição (definitiva) dos únicos três métodos didáticos que conhecemos até hoje: a indução e a dedução, próprias da lógica, presentes nos diálogos de Platão e nos escritos de Aristóteles, e a "maiêutica" de Sócrates, que ilustra a dialógica, o diálogo, a modelagem ou o método do mestre-aprendiz. Seja na forma de academias, liceus, ginásios, bibliotecas, oficinas artesanais ou de preceptores, foi assim que o conhecimento evoluiu e se manteve a tradição clássica. Isso não se fez sem vicissitudes: os sofistas logo se valeram da lógica e da retórica como instrumento para distorcer a verdade, bajular os poderosos e fazer dinheiro.

A tradição grega se atualizou na Idade Média, em função do papel central da Igreja na sociedade e na educação. Por volta do século XII, criaram-se as primeiras universidades. Tomás de Aquino "batizou" os gregos e recriou o currículo com as chamadas "sete artes liberais", organizadas em dois grupos de disciplinas: o *Trivium* (Lógica, Gramática e Retórica), voltado para disciplinar a mente, e o *Quadrívium* (Aritmética, Música, Geometria e Astronomia), voltado para o estudo da matéria. Isso era a base. Daí saíam os estudos superiores aplicados inicialmente à medicina e ao direito, mas a formação privilegiada era voltada para o conhecimento supremo da verdade e do bem: a filosofia coroada pela teologia. O essencial neste sistema é que havia um ordenamento e uma finalidade: o conhecimento era visto de forma unitária e gerava compromisso com a verdade. Instruir e educar eram indissociáveis.

O Iluminismo e, logo depois, o Racionalismo (que proporciona o desenvolvimento científico) iniciaram um processo de ruptura com essa tradição. Não apenas se introduziram mudanças no currículo, mas o conhecimento perdeu a unidade, tornou-se fragmentado com o advento da ciência moderna. Continuou o ideal da busca da verdade, porém não mais uma verdade absoluta. O Humanismo deslocou o Deus cristão. O *cogito* substituiu o *cogitor* e colocou o Homem no centro do mundo. A ciência moderna estabeleceu seus próprios critérios sobre o que seja a verdade (pelo menos a verdade científica). A educação também começou a servir a outros propósitos, notadamente à formação profissional. É a Idade Moderna que, apesar dessa ruptura profunda, ainda se nutriu num caldo cultural profundamente influenciado, pelo menos no Ocidente, pela tradição escolar. Os fins da educação não são os mesmos, há outros mestres a servir, mas ainda há critérios fortemente compartilhados. Os *liberal art colleges* são testemunhos dessa nova tradição no nível superior, e, em menor escala, o movimento da Paideia (JAEGER, 1994), na educação escolar.

O resto da história é mais conhecido. A industrialização começou a exigir a progressiva universalização da educação primária, novas disciplinas foram tomando seus contornos, o enciclopedismo se refletiu tanto em currículos mais carregados quanto em especializações mais restritas. O livro do Cardeal Newman (1854) tenta registrar e resgatar a "ideia de Universidade", se não a unidade do conhecimento, pelo menos a necessidade de lhe imprimir um foco que dê consistência e ordenamento. A proposta do Barão de Humboldt tem mais sucesso e se consolida no chamado "modelo humboldtdiano", que rompeu com a tradição das artes liberais e deu origem à universidade moderna. Tudo isso, claro, impactou a educação formal ministrada nas escolas.

Outros atores e interesses mudaram o centro de controle. A Reforma Protestante e, posteriormente, o fortalecimento dos Estados nacionais e os fenômenos associados à industrialização desembocaram na criação, consolidação e expansão da escola pública, a qual teve como um dos primeiros chamamentos a disseminação da língua nacional e de uma cultura comum. Como observa Margaret Archer (1984, 1995), o desenvolvimento da tradição da educação e dos sistemas escolares é sempre resultante de pressões de cima para baixo e de baixo para cima. Mais tarde, autores como Bourdieu e Passeron (1970) observaram, não sem alguma dose de razão, que essa escola foi criada para consolidar a ordem estabelecida e impedir o seu avanço, não para transmitir livre e democraticamente o capital cultural acumulado.

A tradição da educação, portanto, não é algo fixo. A educação e a Escola estão profundamente imbricadas no contexto social e cultural dentro do qual se desenvolvem e ao qual servem. Porém, algo mais profundo começou a ocorrer com a introdução do pensamento pós-moderno, no início do século XX. Até por volta de 1960, a educação e as escolas mantinham referentes e critérios compartilhados. A partir daí começamos uma nova etapa. O castelo começou a ruir. Os referentes tradicionais deixaram de existir. As normas, todas elas, começaram a ser contestadas. Semeou-se a anomia e a escola ficou sem chão.

A ideia de cultura

Os pilares básicos da tradição cultural e, consequentemente, da cultura da educação e da cultura da escola que nela se apoiavam, começaram a ruir sem que houvesse um andaime para sustentar o que foi construído ao longo do tempo. A tradição cultural que nos foi legada na Idade Moderna foi vencida pelo movimento modernista e seu sucessor, a cultura do pós-moderno. Vivemos entre vestígios de uma era que ainda não desapareceu totalmente e outra pós-moderna, cujos fundamentos ainda não são bem conhecidos. A vida é assim. Não adianta lamentar, temos que aprender a sobreviver. Mas é preciso compreender o que perdemos e o que ficou, pois é com base nisso que temos que identificar os espaços que restam e, neles, reconstruir a cultura da educação e a tradição cultural pela qual a Escola será responsável.

A nova cultura se caracteriza e, de certa forma, se impõe, pela perda de referenciais (ou pelo menos de seu deslocamento) que tende a um relativismo quase absoluto – "o homem é a medida e o juiz de todas as coisas" –, ideia já encontrada em Protágoras, na Grécia Antiga. A cultura pós-moderna é iconoclasta, derruba sem colocar nada no lugar. Pátria, religião e família ainda ocupam espaço importante na orientação da vida individual e social de crianças e jovens, mas perderam muito de seu papel referencial. Pais abdicam do dever de educar, constituído em direito na Declaração dos Direitos do Homem, e entregam displicentemente seus filhos aos cuidados do Estado. Professores perguntam aos alunos o que acham de um livro antes de procurar saber se eles entenderam o sentido ou mensagem do autor, pois nem mensagem nem autor parecem importar mais.

A desconstrução da cultura começa com a perda dos referenciais, a denúncia e a renúncia ao estabelecimento de qualquer critério ou hierarquia: o que era patrimônio foi desvalorizado, tudo vale igual. O que era para fruir virou usufruir. O que era objeto de contemplação virou objeto de consumo. Cultura virou "culturas", e não se trata apenas de um ajuste semântico ou forma usada para manifestar respeito pelas tradições culturais locais, trata-se da perda dos referentes entre o universal e o particular. A cultura virou entretenimento.

O que era um patrimônio cultural foi dilapidado. Como bem observa Vargas Llosa (2012), o que era para ser durável tornou-se objeto de consumo a serviço do entretenimento. Visitar museus, por exemplo, transformou-se em programa turístico e dispensa o conhecimento da História da Arte e do laborioso trabalho dos clássicos, modernos, impressionistas ou realistas. O grafite em muros de um museu possivelmente atrai mais a atenção da sociedade de consumo do que o patrimônio ali depositado e que se tornou mero objeto de curiosidade, exposto para "cumprir tabela" nos programas turísticos. Os clássicos, esses livros que não morrem jamais, começam a desaparecer do repertório da formação, inclusive, dos futuros professores. Interessa apenas ler uma breve síntese do conteúdo. No Brasil de nossos dias, programas ministeriais de incentivo à cultura podem ser usados para patrocinar a reescrita de clássicos de Machado de Assis numa linguagem "popular". O professor se vê obrigado a recalibrar e simplificar a linguagem de clássicos da literatura para não exigir esforço mental ou para não "desmotivar" o jovem. O autor deste livro é desencorajado por revisores e editores de usar gráficos, tabelas, números, parágrafos longos ou reflexões com saber filosófico, pois isso significará o desinteresse e a perda de leitores.

Foi assim que "democratizamos" a cultura, e é a essa cultura desvalorizada que a Escola está sendo chamada a servir, pois hoje a escola tem que ser alegre, divertida e nela, antes de tudo, o aluno tem que ser feliz: a ideia do paraíso na terra é parte integrante do pensamento pós-moderno herdeiro da tradição de Nietsche, Marx e Freud. Não que a Escola do século XIX ou do século XX fosse perfeita ou acessível a todos, mas se a sua prática não o era, seus princípios e normas eram conhecidos.

> ### *Cogitor, ergo sum* – Fui pensada, logo existo
>
> Em vários lugares do Brasil ainda há pessoas que se lembram "do Colégio Estadual", seja ele o Júlio de Castilhos (RS), o Ginásio Pernambucano, o Caetano de Campos (SP), o Pedro II (RJ) ou de algum grupo escolar. A lembrança vem sempre associada com uma ideia de Escola que eles representavam: rigor, disciplina, ensino, meritocracia e professores respeitados. Essas instituições não surgiram do nada ou do voluntarismo de seus diretores. Elas foram criadas para serem assim, a partir de uma cultura e de normas aceitas pela sociedade. A escola tinha cara de Escola. Ela foi pensada para ser assim.

Na cultura pós-moderna, como preconizado por Marshal McLuhan (1964), o meio virou a mensagem. A cultura se tornou visual, holística e instantânea. Desapareceu o momento em que as pessoas se dedicavam à análise, à reflexão e à fruição. A cultura virou entretenimento, ou seja, sua função é divertir e produzir o prazer imediato, o prazer se tornou o ponto de chegada, a curtição da travessia, não a curiosidade de continuar buscando. Nesse universo, a cultura local ou foi absorvida ou virou artigo de consumo, até mesmo de exportação, nada é para entender, valorizar ou respeitar, tudo é para fruir, usufruir em escala planetária, aqui, agora e por todos.

No terreno da prática, essa ideia de diversidade e de aceitação acrítica, horizontal e não hierárquica das mais variadas formas do diverso vem encontrando um pouco mais de dificuldade para realizar o ideal de concretizar o céu na terra. De um lado aumenta o potencial de fogo dos grupos radicais.

Há os que se aproveitam da tolerância para promover causas intolerantes, como a violência gratuita ou o véu islâmico, símbolo da opressão às mulheres: se tudo tem que ser aceito, por que não aceitar também acriticamente o símbolo da opressão? Ou por que não calar-se resignadamente diante da violência desvairada, em nome da liberdade de manifestação para ocupar prédios, assaltar caixas eletrônicos ou lançar bombas em manifestantes, sejam eles autênticos, ingênuos ou ambos? Nunca foi tão oportuna a releitura da jornalista, filósofa e teórica política Hanna Arendt sobre a Banalidade do Mal (1964). Aliás, foi ela também quem alertara para a iminente desconstrução da escola com o texto "A Crise da Educação", artigo publicado pela primeira vez em 1954.

No campo da linguagem, o avanço dessas ideias foi maior, mais intenso e bem-sucedido com o uso do poderoso instrumento do "politicamente correto". É fora de questão o mérito de conter, denunciar, inibir ou extinguir comportamentos verbais ofensivos de cunho religioso, racial, sexual ou de qualquer outra natureza. Na prática, o que vimos foi um poderoso elemento de revisionismo cultural e histórico, de censura e, pior, de autocensura. Já não podemos (ou não devemos?) saber o que disseram, por exemplo, Machado de Assis ou Monteiro Lobato no contexto em que eles viviam: o "presentismo", ou seja, a interpretação do passado pelos critérios de explicação do presente, tornou-se critério para reescrever o passado e a história. O filósofo Luiz Felipe Pondé (2010), no Brasil, e Dianne Ravitch (2003), nos Estados Unidos, produziram importantes análises dessa poderosa e insidiosa estratégia de controle cultural. O maior sucesso dessa estratégia é a substituição do patrulhamento externo pela internalização da autocensura.

Se cultura virou "culturas", saber virou "saberes". Também no campo da Ciência tem havido transformações profundas e questionamentos dos paradigmas. A própria verdade científica, que se autodefine como provisória, passou a ser questionada, retomando a pergunta de Pilatos a Cristo: "O que é a verdade?" (Evangelho de São João 18,38). As disciplinas foram colocadas em questão. A autoridade foi posta em questão. Segundo o *Diccionario da Real Academia Espanhola*, "autoridade significa o prestígio e crédito que se reconhece a uma pessoa ou instituição por sua legitimidade ou por sua qualidade e competência em alguma matéria". Quando as matérias científicas e as disciplinas escolares perdem seu *status* e seus modos próprios de produção de conhecimentos válidos, quando os critérios tornam-se relativos, quando o conhecimento vira informação e as disciplinas perdem seu *status* como instrumento da tradição do saber, o docente perde sua fonte de autoridade – o domínio do conhecimento da disciplina – e a Escola fica sem chão.

Essa discussão não é nova. Não tenho autoridade nem competência específica para aprofundá-la. Existe uma farta literatura a respeito desde pelo menos a década de 1950. Também não me cabe avaliar aqui se isso é bom ou mau, pois qualquer que seja a minha opinião, a desconstrução da escola é uma realidade a ser enfrentada. O desafio consiste em entender essa realidade e saber como lidar com ela. Como a maioria dos que participam do escasso debate intelectual sobre educação em nosso país é formada por filhos ou netos do pós-modernismo, é fundamental, para uma conversa produtiva, esclarecer os conceitos que eles usam quase sempre de forma ingênua e acrítica, sem conhecer sua origem e o significado, e analisar as implicações das novas propostas para a educação e a Escola face um cenário cujo pano de fundo apenas está se esboçando.

A cultura pós-moderna prevaleceu, ou, pelo menos, tem conseguido acentuar a ruptura com a tradição da Escola. Para entender a situação em que se encontra a Escola é preciso conhecer essa nova cultura e seus valores, pois isso permitirá entender o espaço que resta nos dias atuais para a educação e a Escola. Abordar essas questões é essencial para estabelecer o fio condutor capaz de avançar o debate sobre como é possível transformar a educação no Brasil.

A educação não é só para o indivíduo, é antes de tudo para a espécie, é mecanismo de sobrevivência que nos permite sobreviver e adaptar aos novos desafios. Com a função de transmitir a cultura, ela permite às pessoas usufruírem de seus ensinamentos e adaptá-los aos novos tempos. A Escola, portanto, é um instrumento cultural de preservação do *Homo sapiens*: os indivíduos são para a Escola e não vice-versa. É importante, portanto, entendermos o contexto em que se forma a cultura da Escola.

O desafio consiste em reconstruir uma Escola que foi desconstruída, procurando nos escombros elementos antigos ou novos que nos permitam atualizar a tradição, reencontrar o fio da meada. Por mais paradoxal que possa ser, ou parecer, a economia e as exigências pragmáticas do mundo contemporâneo poderão conter ingredientes que ajudem nessa reconstrução. Não se trata de lamentar um passado que nunca foi exatamente como imaginamos. Não se trata de manter um olho no passado e outro no futuro. Trata-se de identificar elementos para repensarmos a cultura em que vivemos, o papel da educação, e, dentro dela, o papel desse instrumento chamado Escola, que sempre foi chamada para transmitir e atualizar a tradição cultural.

Se a cultura empobrece, a Escola também empobrecerá. Se não encontrarmos referentes sólidos no passado, resta, como é próprio da cultura pós-moderna, buscar as raízes no futuro, como se os galhos voltassem a se enterrar e brotar. O que podemos vislumbrar? Na sociedade do conhecimento tornou-se imperativo desenvolver o pleno potencial intelectual, a capacidade de convivência e colaboração entre as pessoas.

Reconstrução da Escola: o *Homo oeconomicus* em socorro do *Homo sapiens*

Na sociedade do conhecimento, o maior recurso de uma nação são as pessoas, pois elas são quem, justamente, produzem conhecimento. Por essa razão, investir em recursos humanos, ou seja, seus cidadãos, tornou-se o investimento mais rentável que uma nação pode fazer. Seu retorno econômico, além de outros benefícios, é muito superior a investimentos em capital ou infraestrutura. Tendo em vista que o conhecimento tornou-se vital para a sobrevivência das nações, a Escola assumiu um papel mais importante na transmissão e na produção do conhecimento necessário para impulsionar a sociedade. Ela foi inventada há pelo menos 25 séculos para transmitir o capital cultural acumulado ao longo dos anos e permitir o seu avanço, ainda que isso não tenha sido compartilhado por todos ou sido feito em benefício de todos. Então, como fazer com que esse artefato cultural resgate o seu papel e cumpra essa função nos dias de hoje?

Os economistas desenvolveram instrumentos para estimar o efeito econômico do que se ensina e do que se aprende nas escolas. Esse efeito não se mede pelo volume dos gastos ou pelo número de anos de escolaridade da população. Barbara Bruns, David Evans e Javier Luque, autores de *Achieving world-Class education in Brazil: the next agenda*, demonstraram que 100 pontos a mais no Programa Internacional de Avaliação dos Alunos (Pisa) estão associados a 2% a mais de crescimento do PIB por ano. Ou seja: o que se aprende nas escolas tem aplicações e implicações práticas para promover o desenvolvimento econômico e o bem-estar social que dele pode resultar.

Avaliação internacional

O Pisa (*Programme for International Student Assessment*) é uma iniciativa dos países industrializados que pertencem à Organização para Cooperação e Desenvolvimento Econômico (OCDE). Foi criado como resposta à preocupação dessas nações com a sua principal riqueza: os recursos humanos. O Programa consiste na aplicação de um exame destinado a avaliar se os jovens de até 15-16 anos de idade dos vários países possuem as habilidades fundamentais para sobreviver e prosperar na sociedade do conhecimento, avaliando domínios de Língua, Matemática e Ciências. O Brasil é o único país da América Latina a participar de todas as edições, desde o ano 2000.

Outros economistas que estudam o impacto da globalização e das novas tecnologias sobre a educação e o mundo do trabalho, como Richard Murnane (1996), observam que as novas exigências da sociedade do conhecimento reforçam a importância de ensinar as disciplinas básicas: a língua, a matemática, as ciências. A sobrevivência dos *Liberal Art Colleges* em países como os Estados Unidos e Inglaterra também sugere que esses remanescentes de outras eras ainda não perderam sua função: a melhor formação profissional para o mundo que se abre diante de nós inclui uma boa formação humanística, um bom treino para pensar.

Vagas para humanistas na Wall Street

A Meca do capitalismo sempre manteve diversificado seu critério de recrutamento. Os grandes bancos, empresas de investimento e consultorias não contratam apenas engenheiros e economistas: eles também contratam pessoas formadas em Filosofia, Humanidades e Artes. As exigências do mundo contemporâneo não se limitam a conhecimentos técnicos especializados. Conhecimento só brota quando existe um nicho ecológico, ele só floresce num ambiente cultural mais amplo.

O perobão

Na década de 1970, antes da disseminação de conhecimentos e da formação de uma cultura ecológica, destruiu-se uma área rural e todas as perobas nela plantadas para construir um *campus* universitário. Por saudosismo, deixaram apenas uma árvore de lembrança. Esta não resistiu, pois retiraram o nicho ecológico que assegurava a sua sobrevivência. Conhecimento é como as árvores: só sobrevive numa cultura adequada. A função da educação é promover a tradição cultural, cujo instrumento privilegiado é a Escola.

A maioria dos países desenvolvidos, bem como outros que aspiram participar da economia do conhecimento, vem ajustando seus sistemas escolares a esses novos desafios. No meio às mudanças sociais e culturais já mencionadas, eles têm conseguido, cada um a seu modo, ajustar as escolas às novas demandas. Em comum, todos vêm atualizando seus currículos (que nunca deixaram de existir, como deixaram no Brasil) e, de certa maneira, as formas de ensinar. Também vêm abrindo espaço para incorporar resultados de avaliações externas como mecanismo de calibração de seus sistemas. De modos diferentes, eles também procuram estratégias para aumentar a qualidade dos professores que recrutam para lecionar nas escolas. Esses são os pontos essenciais para os quais a maioria dos países mais avançados converge. Parece claro que a escola continua tendo e terá como missão principal o ensino das disciplinas. Parece também claro que a escola terá cada vez mais dificuldade de lidar com outras questões mais gerais da educação. Mas mesmo limitando sua função, será necessário estabelecer padrões e expectativas socialmente compartilhadas a respeito da escola, dos diretores, dos professores e do que se pode esperar deles.

Hoje, pelo menos no Brasil, não temos esses referentes. Recriar o passado está fora de questão. Por outro lado, tentativas românticas de criar um modelo de escola centrado no aluno ou reinventar uma escola que nunca existiu com base nas promessas das novas tecnologias de comunicação parecem fadadas ao fracasso. As mudanças sociais e culturais certamente influíram, influem e continuarão a influir no processo de reconstrução e redefinição da Escola e de seu papel. Mas a sociedade depende de alguma Escola para sobreviver e prosperar. Por isso os debates não podem paralisar a ação. Em alguns países, como o Brasil, é mais a falta de debate e de disposição para debater que paralisa o avanço e nos faz perder tempo.

Na encruzilhada

A educação no Brasil está melhorando. As notas dos alunos nos testes nacionais (Prova Brasil) e internacionais (Pisa) evidenciam algum modesto progresso nos últimos 20 anos. Mas esse progresso é muito reduzido e as evidências são frágeis. Na Prova Brasil o avanço maior é dos alunos das classes sociais mais elevadas e se deve em grande parte às melhorias na economia, e não na educação. No Brasil é diferente do que ocorre em outros países: aqui a economia melhora a educação, e não o contrário. No Pisa, os avanços se limitam aos alunos concentrados na parte inferior da escala e talvez seja mais explicável por mudanças no teste do que no aumento dos conhecimentos dos alunos, e mesmo assim ainda nos deixa no grupo dos países mais atrasados. Por isso talvez não consigamos ser competitivos no seio das nações mais avançadas.

O Brasil ainda não começou a fazer uma reforma educativa que o conduzirá ao patamar dos países desenvolvidos. Essa afirmação é fácil de comprovar. Para avançar na educação é necessário atrair e manter no magistério pessoas de elevado nível de escolaridade. Os países com desempenho educacional elevado recrutam seus professores entre os 30% melhores alunos do ensino médio. No Brasil, os professores são recrutados entre os de pior desempenho. Um sistema educacional nunca é melhor do que a qualidade de seus professores, motivo pelo qual reiteramos a frase inicial do parágrafo: o Brasil ainda não começou sua reforma educativa, e isso vale para o governo federal, governos estaduais e municipais. Uma política para atrair jovens talentos para o magistério é, porém, apenas um elemento de uma reforma educativa. Não bastam leis ou consensos, como refletidos no Plano Nacional de Educação, é preciso ter uma visão consistente, estabelecer normas e valores, se não absolutos, pelo menos compartilhados.

Outra evidência de que não estamos na direção correta: o Brasil não possui nenhuma rede de ensino (estadual ou municipal) em que pelo menos metade dos alunos atinja os níveis adequados na Prova Brasil no 5º ano e no 9º ano do ensino fundamental. Entre as mais de 80 mil escolas públicas urbanas, pouco mais de mil alcançam resultados adequados, com 70% ou mais de seus alunos atingindo níveis satisfatórios de aprendizagem. Mas nesses casos, com raríssimas exceções, o resultado se deve fundamentalmente ao nível socioeconômico dos alunos dessas escolas, e não ao valor agregado pela escola.

Por outro lado, temos um pouco mais de 700 escolas, espalhadas em mais de 500 municípios, que efetivamente conseguem resultados muito superiores ao que seria de esperar com base no nível socioeconômico dos alunos (SOARES; ALVES, 2013). Nessas poucas unidades, sim, temos um efeito-escola. Mas são escolas isoladas, ou seja, não são frutos de políticas consistentes da rede municipal ou estadual. Infelizmente, o que deveria ser regra, uma escola transformadora que promova a equidade e dê acesso ao patrimônio cultural, tornou-se exceção. Reiterando: a reforma educativa ainda não começou no Brasil.

Sabemos, portanto, o que é uma boa escola, embora tenhamos poucas delas, mas não possuímos nenhuma rede de ensino em que todas as escolas ofereçam um ensino de qualidade. Ainda não aprendemos, como nação, estado ou município, a operar uma rede de ensino de qualidade, que ofereça oportunidade para todos. Ao contrário, estamos muito longe disso, pois não possuímos modelos e exemplos, no país, sobre como operar redes de escola com padrões adequados de ensino. Se boas escolas são exceção à regra, a única inferência lógica é que a regra está errada.

Avançar é preciso, mas para tanto devemos abandonar a ideia de reinventar a roda e adotar a atitude humilde de aprender com quem conseguiu avançar. É difícil oferecer educação de qualidade, porém não existem segredos. Como veremos adiante, há vários exemplos e um alto grau de consenso entre especialistas e membros da comunidade científica internacional a respeito do que é necessário fazer e do que funciona. Há experiências e referências suficientes de vários países e culturas para orientar estratégias adequadas de reforma educativa. Hoje dispomos de conhecimentos científicos seguros que nos permitem orientar com maior precisão as práticas educativas eficazes.

Mudar é difícil. Mais difícil ainda é implementar reformas que levem aos resultados desejados. Se de um lado conhecemos melhor os problemas e soluções, de outro as possibilidades e perspectivas de mudança se tornam cada vez mais difíceis e distantes, dados o acúmulo de distorções e o aumento da complexidade dos problemas. Perdemos várias oportunidades para implementar reformas eficazes, da mesma maneira que perdemos oportunidades para modernizar o país e torná-lo competitivo na economia global. Deitado em berço esplêndido, o Brasil deixou passar oportunidades únicas, inclusive as que foram possibilitadas pelas debilidades momentâneas de outras economias.

Somos bons perdedores. Perdemos a Copa do Mundo em casa, mas também perdemos a oportunidade de alavancar nosso turismo com a realização do evento. Não é questão de recursos, temos dificuldade de planejar, de fazer qualquer coisa que exija disciplina e compromisso. E assim os problemas e desafios vão se tornando mais agudos. Pelas mesmas razões anteriores vamos perdendo a oportunidade de nos beneficiar do bônus demográfico, um momento que não é eterno no qual a nossa estrutura etária propicia o crescimento econômico: continuamos falando em ampliar redes de ensino e contratar mais pessoal, quando estamos na hora de reduzir. E assim tudo vai ficando mais difícil.

Não existe pressão social para melhorar a educação. A maioria esmagadora da população brasileira, especialmente os pais dos alunos que frequentam a escola pública, está razoavelmente satisfeita tanto em termos absolutos como relativos: comparado com outros serviços públicos, eles consideram, com razão, que a educação melhorou. Sem pressão social forte e constante, especialmente dos usuários, não há como melhorar a educação. E uma vez criada a pressão, são necessários canais para que essa pressão possa impulsionar mudanças. Esses canais inexistem. Mas não adianta pressão social se não há consensos mínimos e critérios básicos para definir a escola e seu papel.

Mudar a educação não se faz por meio de balas de prata, reformas de gabinete, programas emergenciais, aumento indiscriminado de recursos, bolsas de todo tamanho, tipo, cor e variedade, por meio de salvadores da pátria ou por voluntarismo político.

Não se oferecem aqui soluções sobre como reconciliar a Escola com a sua tradição e como restabelecer essa tradição numa sociedade que deixou de acreditar em valores comuns fundamentais. Também não se oferecem ideias sobre como mobilizar a sociedade em prol de uma reforma educativa. A pretensão é mais modesta: servir como alerta, convite e convocação ao debate, deixar bem claro que nosso sistema educacional, apesar dos ínfimos progressos, não está no caminho certo e sequer iniciou um processo de reforma. O objetivo não é apresentar uma proposta de reforma, mas elementos para alimentar um necessário debate sobre o futuro da educação e da Escola em nosso país, a começar pela identificação do que há de errado, tema do capítulo a seguir.

02

DIAGNÓSTICO

O principal elemento do diagnóstico está dado: faltam consensos básicos a respeito do papel da educação, da escola e da cultura a ser transmitida pelas escolas. Sem que isso seja restabelecido, ainda que em novas bases, os demais problemas decorrem daí. Não podemos ter a ilusão de que conseguiremos avançar muito sem tratar dessas questões. Mas nem por isso as demais questões deixam de ser importantes.

Na educação brasileira temos poucas virtudes, muitos pecados e, consequentemente, pouco ordenamento institucional. O diagnóstico começa ressaltando as virtudes ou aspectos positivos de nosso sistema educacional: a pós-graduação, o Senai, os sistemas de informação e avaliação e outros instrumentos que refletem avanços institucionais. São ilhas de excelência ou elementos isolados, mas que oferecem exemplos do que é necessário para se estabelecer um ordenamento.

Além de poucas virtudes, falta-nos um ordenamento: o Brasil adotou uma estratégia de crescimento baseada na expansão a qualquer custo, inclusive a custo da eficiência e da qualidade. Dada a estratégia, não criou as estruturas, ou seja, as instituições necessárias e suficientes para implementar um processo educacional.

Com poucas virtudes e sem ordenamento, somos vítimas de muitos erros, que aqui agrupamos sob o nome de sete pecados capitais.

As virtudes

Algumas poucas iniciativas e instituições se destacam no cenário da educação brasileira. Destacamos cinco delas, as quais constituem importantes fundamentos em qualquer política educativa. Usamos o termo *instituição* para nos referirmos a elas, pois todas são mais importantes pela cultura e pelos valores que criam do que pela sua forma organizacional.

I) A **pós-graduação e a pesquisa científica** nasceram pequenas, mas bem nascidas, a partir de núcleos isolados em universidades ou centros de pesquisa, sendo fortalecidas com a criação do Conselho Nacional de Desenvolvimento Científico e Tecnológico (CNPq), em 1951. Na década de 1960, a criação do Fundo Nacional de Desenvolvimento Científico e Tecnológico (FNDCT), no então Banco Nacional de Desenvolvimento Econômico (à época chamado BNDE) e posteriormente da Financiadora de Estudos e Pesquisa (Finep), trouxe recursos associados a rigorosos critérios de qualidade. No início da década de 1970, tanto o CNPq quanto a Coordenação de Aperfeiçoamento de Pessoal de Ensino Superior (Capes) também criaram comitês de pares para avaliar a qualidade de bolsistas e de programas de pesquisa. Com poucas exceções, como no caso das áreas de Direito e Educação, a maioria dos comitês e processos decisórios sempre obedeceu aos padrões internacionais de avaliação pelos pares.

O Quadro 2.1 apresenta alguns marcantes avanços do país na área de publicações científicas. Em 2013 fomos o 13º país em quantidade de publicações científicas de padrão internacional, ultrapassando países de tradição em pesquisa científica como a Rússia. No panorama da educação, a pós-graduação e pesquisa científica no Brasil constituem uma ilha de excelência.

Quadro 2.1 – *Países com mais publicações científicas em 2013*

Posição	País	Trabalhos publicados
1º	EUA	563.292
2º	China	425.677
3º	Reino Unido	162.574
4º	Alemanha	148.278
5º	Japão	121.668
6º	França	108.092
7º	Índia	106.029
8º	Itália	92.906
9º	Canadá	88.711
10º	Espanha	79.383
11º	Austrália	76.357
12º	Coreia do Sul	71.072
13º	Brasil	59.111
14º	Países Baixos	50.939
15º	Rússia	43.930

Fonte: SCImago Country Journal Rank. Disponível em: <www.scimagojr.com>.

A existência de sólidos critérios para aprovação de pesquisas e formação de núcleos de pesquisadores possibilitou uma gigantesca expansão da pós-graduação apoiada em padrões de qualidade muito semelhantes aos usados pela comunidade acadêmica internacional. Em poucos anos, a pós-graduação conseguiu conquistar alguns lugares de destaque em várias áreas científicas. É um setor em que há calibração, ou seja, noção clara do que são qualidade e meritocracia.

Licão 1: a essência da educação democrática é ser meritocrática.

II) O **conjunto das escolas do Sistema S** constitui uma das poucas (talvez a única) instituições educacionais que no seu conjunto, e apesar de sua diversidade, mantém padrões de qualidade reconhecidos. O Sistema S inclui diferentes setores, como o industrial, comercial, de aprendizagem, do cooperativismo e do transporte, conhecido por siglas como Senai, Senac, Senar, Sescoop e Senat. Por sua longevidade e tradição, Senai e Senac são os mais conhecidos.

Sem demérito aos demais integrantes do Sistema S, utilizamos aqui o exemplo do Serviço Nacional de Aprendizagem Industrial (Senai), o qual produz relatórios periódicos, disponíveis na Internet,[1] e que permitem aquilatar a qualidade e relevância do que faz para os indivíduos, para o setor produtivo e o país.

Em 2013, o Senai atendeu a 3.417.579 jovens em todo o país, oferecendo formação técnico-profissional distribuída em níveis de formação inicial (843.429), aprendizagem industrial (207.420), cursos técnicos de nível médio (268.192), qualificação profissional (940.088), graduação (13.807), pós-graduação (9.289) e aperfeiçoamento pessoal. Para manter a qualidade em tamanha escala, o Senai mantém programas e projetos de padronização da educação, o que redunda em estruturação de conteúdos e qualidade do corpo docente.

Segundo o Relatório Anual de 2013, os alunos do Senai conquistaram 12 medalhas no WorldSkills daquele ano, o maior torneio de educação profissional do mundo: quatro medalhas de ouro, cinco de prata e três de bronze, além de 15 diplomas de excelência. "No ranking dos 53 países que participaram do torneio, o Brasil ficou em quinto lugar em número de medalhas, com 52 pontos, atrás de Coreia (89), Suíça (73), Taiwan (65) e Japão (56)", descreve o documento.

Além de evidências a respeito da empregabilidade, produtividade e maior nível de ganhos de egressos de seus programas, o Senai goza de elevada credibilidade junto aos empregadores. Cursar o Senai constitui capital cultural que encontra acolhida diferenciada nas empresas. Pesquisa de opinião realizada pela instituição junto a trabalhadores e prestadores de serviço da

---

[1] Disponível em: <www.portaldaindustria.com.br>.

indústria em 146 municípios brasileiros revela uma faceta importante da contribuição dessas instituições. Perguntados sobre o que pensam quando ouvem a palavra Senai, "educação" é a primeira palavra que vem à mente de 68% dos entrevistados, seguida por indústria (4%), lazer/cultura (2%), saúde (1%) e ações sociais/comunidade (1%). Não souberam opinar, ou deram outras respostas diversas, 24%.

Mencionamos esse dado por uma razão: a formação profissional é uma instituição importante, bem valorizada pelos empresários, pelos usuários, mas que não encontra acolhida nas políticas públicas. O preconceito da sociedade se reflete também nas políticas públicas do ensino médio que não reconhece a formação profissional como uma forma de educação e obriga todos os alunos a cursarem a "educação geral" para terem direito ao ensino técnico. O país destina mais de 10 bilhões de reais para essas instituições e cospe no prato.

Lição 2: como toda boa educação, a formação profissional de qualidade requer não apenas professores, mas professores que sejam mestres.

III) Um **Sistema de informações confiáveis** constitui a base para qualquer sistema de planejamento e auxilia o processo decisório. Na década de 1980, por exemplo, os pesquisadores Ruben Klein e Sérgio Costa Ribeiro detectaram, contra o senso comum, que já havia mais vagas do que alunos no ensino fundamental, sendo que real o problema era o excessivo número de alunos repetentes. Os resultados foram demonstrados no artigo "O censo educacional e o modelo de fluxo: o problema da repetência", publicado em 1991. Este foi um alerta importante a respeito de políticas de oferta de vagas, de promoção automática, dos ciclos, da repetência e do fluxo escolar.

Lição 3: um sistema educativo se faz com instituições sólidas. A base delas é um sistema de informação que dá transparência das decisões.

Na década de 1990 começaram a ser implementados dois importantes sistemas de informação: o Censo Escolar e a Avaliação, que vêm avançando de forma bastante consistente, produzindo dados e avaliações confiáveis, adquirindo progressivamente a confiança dos estudiosos, pesquisadores e tomadores de decisão.

IV) Outro importante instituto é o **pluralismo,** que gera espaços para a diversidade, o debate e o confronto com o contraditório. O país convive com redes de ensino públicas e privadas, frequentemente operando em regime de colaboração e complementaridade. Há algum espaço para debates, especialmente no Congresso Nacional e em alguns órgãos da grande imprensa, embora os verdadeiros debates venham ocorrendo com uma frequência cada vez menor e sem maior aprofundamento ou consequência. Há uma gigantesca rede de instituições não governamentais operando em ações educativas diretas, indiretas, apoiando escolas, complementando papéis do governo ou abrindo novos caminhos. Hoje já existem pelo menos algumas dezenas de pesquisadores altamente qualificados, atuando com independência e produzindo estudos empíricos de padrão internacional, o que contribuiu para qualificar o debate sobre educação.

Lição 4: no regime democrático, é papel do governo desenvolver estruturas e fomentar o debate e não promover consensos ou "hegemonias" a qualquer custo.

V) Há alguns **outros avanços institucionais dignos de nota**. Na área do financiamento da educação, o Fundo de Manutenção e Desenvolvimento do Ensino Fundamental e de Valorização do Magistério (Fundef), hoje Fundo de Manutenção e Desenvolvimento da Educação Básica e de Valorização dos Profissionais da Educação (Fundeb), contribuiu para disciplinar a distribuição e o uso dos recursos, aumentar a transparência e previsibilidade dos repasses, reduzir a desigualdade de recursos para redes estaduais e municipais dentro de cada Unidade Federada e, em menor escala, reduzir as diferenças entre estados, assegurando um nível mínimo. Cabe ressaltar que o Fundo, ao perder o foco no ensino fundamental, não atingiu resultados tão brilhantes para melhorar a qualidade, nem para promover a municipalização.

Alguns estados promoveram políticas para estimular a melhoria da qualidade. Dois deles conseguiram lograr resultados comprovados e significativos, como no caso do Projeto-Piloto para Alfabetização de crianças com Seis Anos, no Rio Grande do Sul, e o Programa Alfabetização na Idade Certa (PAIC), no Ceará (Oliveira, 2012a). Nos dois casos houve uma combinação de incentivos com a oferta de meios adequados para que os municípios, no caso do Ceará, ou escolas, no caso do Rio Grande do Sul, atingissem os objetivos. Esses são apenas dois entre vários exemplos de tentativas mais ou menos bem-sucedidas por parte de governos estaduais. Nem sempre é fácil explicar avanços contínuos e significativos como os que vêm ocorrendo no estado de Minas Gerais. Eles se refletem nas duas redes – estadual e municipal –, mas não podem ser associados a políticas ou intervenções específicas. Outros estados que promoveram políticas semelhantes, pelo menos do ponto de vista formal, não lograram melhorias expressivas de qualidade.

No âmbito municipal há pouquíssimos casos de redes de ensino que tenham conseguido atingir e manter índices adequados de qualidade na maioria das escolas. Sobral, que possui resultados altos e consistentes em toda a rede, constitui uma exceção e se destaca por várias razões que merecem ser conhecidas e que já foram apresentadas e discutidas em outras publicações (OLIVEIRA, 2013).

Lição 5: políticas e programas vão e vêm. Ficam as instituições. É nelas que se desenvolve a cultura da educação.

> "No âmbito municipal há pouquíssimos casos de redes de ensino que tenham conseguido atingir e manter índices adequados de qualidade na maioria das escolas."

É inegável a importância desses avanços institucionais. Se quisermos fazer algo de qualidade precisamos nos inspirar em instrumentos, mecanismos e modelos como esses. Mas isso não é fácil nem automático, como ilustrado nos exemplos a seguir.

Ao instituir o Pacto Nacional pela Alfabetização na Idade Certa (PNAIC), supostamente inspirado nas experiências anteriores de governos estaduais, o governo federal errou em deixar de apoiar programas dos estados e querer impor o seu programa: errou no estabelecimento da idade certa, errou cabalmente na pedagogia (MORAIS, 2014) e errou, sobretudo, nas estratégias caras, ineficientes e no uso do rolo compressor para obter "adesões" (OLIVEIRA, 2012b). No campo das políticas públicas não é fácil aprender a partir da experiência alheia, muito menos quando a propaganda e a ênfase são colocadas no volume de recursos gastos, e não nos resultados obtidos e no aproveitamento das experiências que dão certo.

Há quem considere avanço o fato de estabelecer metas, como no caso das metas do Índice de Desenvolvimento da Educação Básica (Ideb) ou as metas propostas pelo movimento Todos pela Educação. Há também quem considere avanço aprovar leis, como a do Plano Nacional de Educação. Metas e planos podem servir para mobilizar, mas são insuficientes para mudar uma sociedade ou a educação. Não se muda a educação por decreto. Falta ordenamento.

Estratégia e estrutura: falta ordenamento

Estrutura se segue da estratégia. Se a estratégia é boa e a estrutura adequada, há chance de se lograrem resultados. Não há estrutura que seja boa em si, e estratégias precisam se adaptar em função de objetivos ou circunstâncias.

O Brasil adotou uma única estratégia na educação: expandir, expandir, expandir. Também entrou tarde na educação: foram pelo menos 200 anos de atraso em relação aos países europeus, ao Japão e aos Estados Unidos. Quando iniciou a expansão do ensino formal, por volta de 1950, o país se encontrava no auge de um crescimento populacional acelerado, associado a um rápido fenômeno de urbanização impulsionada pelo esgotamento da agricultura tradicional e por um processo emergente de industrialização. Movimentos como o Manifesto dos Pioneiros da Educação Nova (1932) e dos Educadores (1959) demonstram tanto a preocupação quanto a relativa impotência das elites para promover políticas de educação sustentáveis e de qualidade.

Em pouco mais de 60 anos, o Brasil colocou na escola um número de pessoas que praticamente correspondia à sua população total registrada em 1950 (53 milhões), número que hoje é superior à população total de outros países que, nos anos 1950, já haviam consolidado a universalização do ensino fundamental e caminhavam para universalizar o ensino médio.

Quadro 2.2 – *Comparativo população absoluta e escolar*

País	População absoluta			Alunos matriculados em 2014
	1950	2010	2050 (projeção)	
Alemanha	70.094.000	83.017.000	72.566.000	12.685.354
Brasil	53.975.000	195.210.000	231.120.000	50.042.448
EUA	157.813.000	312.247.000	400.853.000	57.664.630
França	41.832.000	63.231.000	73.212.000	10.023.638
Inglaterra	50.616.000	62.066.000	73.131.000	10.654.585
Itália	46.367.000	60.509.000	60.015.000	9.145.709

Fontes: Dados populacionais aproximados extraídos de: Population Division of the Dept. of Economic and Social Affairs of the U.N. Secretariat. World Population Prospects. População escolar atual em: The European Agency for Special Needs and Inclusive Education (EURYDICE, 2012; MEC – Sinopse Estatística da Educação Básica 2013).

O crescimento das vagas no Brasil tomou impulso a partir dos anos 1960 e foi (continua sendo) vertiginoso em todos os níveis. Adotamos uma estratégia única: crescer, crescer, crescer. Criar vagas e ampliar a oferta de escolarização tornou-se a única política. Por exemplo, em menos de 15 anos partimos do zero para praticamente universalizar a pré-escola, sendo que há metas para expandir vertiginosamente as creches e a ideia do tempo integral já entraram na pauta. A tendência para expandir de qualquer forma e a qualquer custo prossegue, apesar da redução do ritmo de crescimento da população.

Sessenta anos depois, a situação demográfica se inverteu: estamos diante de um "bônus demográfico" que projeta uma redução de crianças e jovens nas instituições de ensino e uma perspectiva de estabilizar o crescimento da população. O Quadro 2.3 apresenta o total de matrículas registradas no Brasil em 2014, nos vários níveis de ensino.

Quadro 2.3 – *Matrículas em 2014 e faixa etária correspondente*

Nível de ensino	População na faixa etária	Total de matrículas
Creches (até 4 anos de idade)	10.925.893	2.730.119
Pré-escola (4 e 5)	5.802.254	4.860.481
Ensino Fundamental (6 a 14)	29.204.148	29.069.281
Ensino Médio e Técnico (15 a 17)	10.357.874	8.312.815
Ensino Superior	---	7.037.688
Mestrado e Doutorado	---	71.180

Fonte: MEC – Sinopse Estatística da Educação Básica 2013; IBGE Censo Populacional 2010; MEC-INEP-DEED – Sinopse Estatística do Ensino Superior 2012.

No caso do ensino superior cabe registrar que a metade dos alunos tem mais de 25 anos de idade. Vale lembrar que esse início de crescimento vertiginoso coincidiu com um período de grande desenvolvimento econômico. Também é oportuno registrar que construir escolas, nomear pessoal, prover merenda, transporte escolar, uniformes e contratar empresas de segurança são atividades incomensuravelmente mais atrativas para os políticos do que cuidar da qualidade do ensino.

A demanda por educação no Brasil tornou-se infinita, mesmo diante das evidências da desaceleração demográfica. Com isso o país não cuidou de criar instituições sólidas que promovam educação de qualidade: recorremos a leis, decretos, programas de duração duradoura e instrumentos de indução como incentivos e bolsas. Nada disso assegura uma base para melhorar a educação.

Educação se faz com instituições sólidas, não se muda a educação com leis, decretos, bravatas e discursos inflamados ou programas efêmeros. Das instituições essenciais para implementar um sistema educacional, o Brasil possui apenas algumas delas: um sistema de informações, um sistema de avaliação e um sistema de financiamento com razoável grau de institucionalização e operacionalidade. Como ilustrado na primeira parte deste capítulo, possui apenas alguns exemplos de instituições e arranjos institucionais que o país não consegue ampliar.

Por outro lado, o país não possui outras instituições centrais: um currículo, um sistema institucionalizado de formação de professores dos diversos níveis, modelos estáveis de organização escolar (os únicos que tivemos foram os das antigas escolas primárias), uma cultura de respeito à evidência como critério para tomada de decisões, um acerto federativo claro e eficiente e uma cultura e mecanismos adequados de gestão que permitam às redes de ensino aprender com os erros e corrigi-los. Ou seja, não temos os pilares básicos sobre os quais se assenta um sistema educativo e, no processo de massificação e "democratização", perdemos a noção do que seja a Escola e a sua função. Esses são os fundamentos e os conceitos sobre os quais uma sociedade cria sua cultura da educação.

Cabe reconhecer que na campanha eleitoral de 2014 começaram a aparecer diferenças significativas entre as propostas dos três candidatos que apresentavam chance de passar para o 2º turno, mas mesmo no caso das melhores propostas elas não se coadunam com que os partidos praticam nas instâncias federativas que governam. O Brasil carece de instituições sólidas fundamentais para fomentar essa cultura e fazer a educação avançar. Os partidos políticos não conseguiram formular conceitos e consensos consistentes com uma visão política da educação para, a partir daí, propor políticas sólidas para fazer a educação avançar. Falta-nos uma cultura da educação. Sobram vícios e pecados, os quais analisamos no restante deste capítulo.

Os sete pecados capitais da educação

Na *Divina comédia*, Dante ordenou as virtudes e os pecados em ordem de grandeza. No caso dos pecados capitais, a ordem é: luxúria, gula, avareza, preguiça, ira, inveja e soberba. Na Humana Tragédia que constitui a educação brasileira, não há como ordenar os vícios, pois a eles não se contrapõem virtudes. Mas as questões abordadas abaixo têm como pano de fundo as virtudes que precisariam ser instauradas para que o sistema educacional que cumpra sua função: promover a equidade.

1º) *Professores sem preparo adequado*

Nenhum sistema educativo é melhor do que o nível de qualificação de seus professores. Isso porque no modelo de escola vigente, o professor é a peça central. O preparo dos professores se afere por dois indicadores principais: (1) sua capacidade de melhorar o resultado dos alunos e (2) a qualidade e a pertinência de seus conhecimentos a respeito do que leciona.

O fator mais importante para demonstrar a qualidade do professor é o seu impacto sobre os alunos. O Quadro 2.4 apresenta o impacto diferenciado da escola de acordo com o nível socioeconômico dos alunos. O dado mais conhecido é o da relação direta entre nível socioeconômico e desempenho escolar. O dado novo é que a escola, no Brasil, não tem conseguido ajudar os que mais dela precisam. Os alunos das camadas de renda mais baixa não apenas aprendem muito menos, mas seu progresso está sendo menor do que o dos filhos das famílias de renda C1 e acima, aumentando, dessa forma, as desigualdades sociais. A escola e os professores não estão preparados para ensinar quem precisa de um ensino de melhor qualidade. O quadro também mostra que as séries iniciais têm tido um avanço maior do que as séries finais.

Quadro 2.4 – *O desafio da equidade entre alunos segundo classes econômicas*

Classe	9º ano						5º ano					
	Matemática			Língua Portuguesa			Matemática			Língua Portuguesa		
	1999	2007	2011	1999	2007	2011	1999	2007	2011	1999	2007	2011
A1	263	250	253	246	231	238	190	200	217	185	180	194
A2	255	262	267	237	245	254	187	210	227	172	190	203
B1	242	260	265	231	244	255	176	209	227	162	190	204
B2	229	253	259	221	240	251	168	206	223	155	187	201
C1		245	250		234	244		199	214		182	194
C2		238	242		228	237		192	204		176	186
D1		231	233		222	228		185	193		169	176
E1		222	219		212	213		176	180		160	163
Disp	*34*	*40*	*48*	*25*	*33*	*42*	*22*	*34*	*47*	*30*	*30*	*41*

Fonte: Microdados do INEP, compilação elaborada pelo autor.

Sobre os conhecimentos dos professores da educação básica, há várias evidências, diretas e indiretas. Elas se observam nas notas do Exame Nacional do Ensino Médio (Enem) dos alunos que entram para os cursos de formação de professores, nos currículos dos cursos de formação de professores, nas notas dos exames de saída dos egressos desses cursos e, ainda, na própria orientação que recebem nesses cursos (GATTI, 2009). Além disso, os investimentos do país com a formação de professores em serviço, na forma de cursos de capacitação, encontram-se entre os maiores do mundo e não produziram qualquer efeito positivo mensurável nas últimas três décadas (BRUNS; LUQUE, 2014). Isso mostra que capacitação em serviço não consegue reverter a falta de uma formação de base sólida.

O perfil dos jovens que estão se tornando professores no Brasil constitui o dado mais alarmante. O Quadro 2.5 mostra que a probabilidade de alunos com baixas notas do Enem se tornarem professores é muito maior do que a de alunos com notas melhores, o que efetivamente ocorre.

Quadro 2.5 – *Possibilidade de se tornar professor em função da nota no Enem*

Nota (limite: 100 pontos)	Probabilidade (%)
Abaixo de 20	8,75
Entre 20 e 40	8,30
Entre 40 e 60	6,96
Entre 60 e 80	5,28
Acima de 80	3,43

Fonte: Elaboração Dired/Inep, a partir de dados do Enem 2007.

Outro dado importante: o fato de professores possuírem mais educação formal influi pouco no desempenho dos alunos. De acordo com o Censo Escolar, o número de professores sem curso superior caiu de 30% para 25% entre 2007 e 2011. No entanto, esse aumento da qualificação formal não teve qualquer impacto significativo sobre o desempenho dos alunos.

Outro dado para reflexão do leitor: o número de candidatos a professor é muito maior do que a necessidade. A cada ano entram cerca de 570 mil alunos em cursos de pedagogia e licenciatura, sendo que do total de 7 milhões de universitários, cerca de 1.356.329 pessoas cursam algum tipo de licenciatura, o que representa muitas vezes mais do que será necessário, especialmente se considerarmos a redução do ritmo de crescimento da população e um possível aumento na eficiência do uso do tempo do professor. Se houvesse menos cursos de formação e menos vagas talvez o país pudesse atrair e formar professores de melhor qualidade.

2º) Gastamos mal os recursos disponíveis

Esse não é um privilégio da educação. A ineficiência no uso de recursos públicos é uma característica nacional e marca registrada do setor público, inclusive nos investimentos de infraestrutura, caracterizados por enormes atrasos, obras paradas e superfaturamento. Na educação, o desperdício representa pelo menos 50%, ou seja, metade dos recursos são mal gastos ou desviados de sua finalidade. Eis algumas evidências.

I) **Fluxo escolar.** O Quadro 2.6 mostra dois grandes fatores responsáveis pela ineficiência no ensino fundamental e médio: o número de perdas por ano decorrentes de reprovação e abandono. As perdas anuais chegam a quase 17% em algumas séries escolares e vão aumentando em decorrência da incapacidade da escola cumprir seu papel. O abandono a partir do 6º ano começa a aparecer de forma mais visível e representa perda total, ou seja, essas crianças são fortes candidatas à marginalidade econômica e social. O ensino médio apresenta um cenário de devastação.

Quadro 2.6 – *Alunos reprovados, aprovados e abandono por ano do ensino básico*

	Fundamental									Médio		
	1º	2º	3º	4º	5º	6º	7º	8º	9º	1º	2º	3º
Aprovados	96,8	93,7	87,6	90,7	90,8	80,9	83,5	86,2	86,4	71,6	80,4	86,8
Reprovados	1,9	5,1	11,1	7,8	7,5	14,6	12,5	10,0	9,5	16,8	11,1	6,9
Abandono	1,3	1,2	1,3	1,5	1,7	4,5	4,0	3,8	4,1	11,6	8,5	6,3

Fonte: MEC 2012

II) **Excesso de professores por turma.** Imagine o leitor uma escola administrada de forma eficiente. Se os alunos trabalham durante um turno de X horas, digamos, 20 horas/semana, o número de professores deveria ser aproximadamente igual ao número de turmas. Qualquer diferença entre esses dois valores ou seria uma ineficiência, ou teria de ser explicada por outros fatores (tempo para reuniões, preparar aulas, participar de tarefas comuns da escola).

No Brasil temos 1,5 milhão de turmas e 2 milhões de professores, metade deles contratados por dois turnos, num total de 3 milhões de contratos para 1,5 milhões de turnos. Isso significa que temos dois professores contratados para cada turma de alunos. Por qualquer parâmetro conhecido, esta é uma gigantesca taxa de ineficiência. No limite poderíamos ter a metade dos professores recebendo o dobro do que ganham.

A ineficiência é explicada por diversos fatores, alguns mais plausíveis que outros. Pela legislação atual, os professores trabalham 2/3 do seu tempo de contrato, enquanto o outro 1/3 seria para atividades de planejamento e reuniões que raramente acontecem. Na verdade trabalham muito menos, pois embora sejam contratados para cumprir semanalmente 20, 25 ou 40 horas-relógio, ou seja, de 60 minutos, seu trabalho é medido em horas/aula de 50 minutos. Portanto, na prática, a maioria dos professores trabalha pouco mais da metade das horas para as quais foi contratada. Também trabalha menos dias do que os demais trabalhadores e profissionais (são no máximo 200 dias letivos), contra cerca de 230 a 240 dias para a maioria dos demais trabalhadores. E mais: de acordo com o já citado estudo de Bruns e Luque (2014), os professores brasileiros em média utilizam apenas 60% do tempo letivo para lecionar, contra 85% típicos de qualquer país mais avançado.

Professores representam 70% do total de despesas da educação básica. A ineficiência na administração desses recursos representa um desperdício anual de mais de bilhões de reais, além das repercussões no pagamento dos futuros aposentados. É por esta razão que muitos analistas concordam que: (1) não adianta aumentar os recursos da educação sem antes tornar seu uso mais eficiente e (2) só poderemos pagar bem aos professores se tornarmos eficiente a administração do recurso mais valioso da educação.

III) Ensino médio. O Quadro 2.7 mostra o número total de matrículas nos anos de transição e o aumento progressivo da perda de alunos que ocorre até o final do ensino médio.

Quadro 2.7 – *Matrícula nos anos de transição*

Série escolar	Total de matrículas
5º ano em 2012	3.379.487
6º ano em 2013	3.648.660
9º ano em 2012	3.066.557
Concluintes do Ensino Fundamental em 2012	2.532.754
1º ano do Ensino Médio em 2013	3.358.891
3º ano do Ensino Médio em 2012	2.225.621
Concluintes do Ensino Médio em 2012	1.877.960
Matrícula total no 1º ano do ensino superior em 2012	2.346.695
Concluintes do ensino superior em 2013	1.050.413

Fonte: Sinopse da Educação Básica 2012/2013 e CAPES

No 6º ano há um forte represamento de alunos que chegam despreparados das séries iniciais. Entre o início e final do 9º ano a perda é de quase 20%, ou seja, os alunos não conseguem concluir o patamar inicial da escolaridade. Já entre o 9º ano e o 1º ano do ensino médio verifica-se outro enorme represamento de alunos, tendo em vista o elevado nível de reprovação. Em dois anos, entre o 1º e o 3º ano do ensino médio, as perdas por reprovação e deserção chegam a mais de 45%. E os que concluem o ensino médio são pouco mais de 50% do que os que o iniciaram. Já as vagas no 1º ano do ensino superior em 2012 representam quase 100% dos egressos do ensino médio.

As perdas no final do ensino fundamental e ao longo do ensino médio vão muito mais além da deserção escolar. A legislação não permite que esses jovens façam cursos técnicos de nível médio e, com isso, são condenados ao desemprego ou a empregos com remuneração menor do que os concluintes do ensino fundamental, conforme ilustrado no Quadro 2.8.

Quadro 2.8 – *Remuneração por nível de escolaridade (em R$)*

Nível de escolaridade	Homem	Mulher
Analfabeto	1.015,51	841,09
5º ano completo	1.293.89	947,52
6º ao 9º ano	1.424,37	964,92
Fundamental completo	1.494,90	1.036,67
Médio incompleto	1.358,32	965,94
Médio completo	1.810,89	1.282,71
Superior incompleto	2.842,98	1.914,85
Superior completo	6.157,36	3.726,15

Fonte: Ministério do Trabalho e Emprego, RAIS (2012).

O mercado de trabalho identifica e pune os alunos que não concluíram o ensino fundamental, porém é mais rigoroso com quem não concluiu o ensino médio: essas pessoas ganham menos do que quem apenas concluiu o fundamental. Além dessa punição, que gera enormes ineficiências e uma perda salarial ao longo da vida, a legislação obriga o aluno que quer fazer formação profissional a cursar o ensino médio denominado de "educação geral".

A Pesquisa Nacional por Amostra de Domicílios de 2011, do Instituto Brasileiro de Geografia e Estatística, mostrou que a população de jovens entre 18 e 24 anos era de 22.497.453, sendo que 7.625.457 haviam concluído o ensino médio e não estavam cursando universidade. Desde a criação do Programa Nacional de Acesso ao Ensino Técnico e Emprego (Pronatec), o Ministério da Educação considera esse contingente um potencial público para retornar ao curso profissionalizante. Ou seja: são milhões de alunos e bilhões de reais desperdiçados em função de conceitos equivocados e políticas mal formuladas.

IV) **O ensino superior** também tem seguido a lógica de expansão desenfreada, sem se prezar pela qualidade ou o aproveitamento do profissional formado. Ademais, a evasão também representa vultosos prejuízos ao país, uma vez que o número de concluintes equivale a aproximadamente 1/6 a 1/7 do número de ingressantes, como mostra o quadro 2.9. Como a maioria dos cursos é de quatro anos, num fluxo normal deveríamos ter pelo menos 1/4 dos alunos concluindo a cada ano.

Quadro 2.9 – *Relação entre matriculados x concluintes no ensino superior*

Ano	Matrículas	Concluintes
2012	7.058.084	1.056.069
2011	6.765.540	1.022.711
2010	6.407.733	980.662
2009	5.985.873	967.558
2008	5.843.322	885.586
2007	5.302.373	806.419
2006	4.944.877	784.218
2005	4.626.740	756.911
2004	4.278.133	652.560
2003	3.989.366	554.230
2002	3.565.926	479.275

Fonte: MEC, Censo da Educação Superior 2013.

V) O Quadro 2.10 apresenta os resultados dos programas de **Educação de Jovens e Adultos (EJA)**

Quadro 2.10 – *Matrículas x conclusões na Educação de Jovens e Adultos*

		2012	2011	2010	2009	2008
Funda-mental	Matrículas	2.561.013	2.681.776	2.860.230	3.094.524	3.267.616
	Conclusões	393.705	439.907	480.485	420.820	445.703
Médio	Matrículas	1.345.864	1.364.393	1.427.004	1.566.808	1.639.196
	Conclusões	346.808	361.133	361.715	387.773	325.487

Fonte: Dados consolidados das Sinopses Estatísticas da Educação Básica, MEC, 2008-2012.

Os dados falam por si mesmos: por mais meritória que seja a preocupação com o resgate da dívida social, os métodos adequados para recuperar a escolaridade vêm se mostrando extremamente ineficientes. Por outro lado, as evidências mostram que existem muitas outras estratégias mais eficazes para ajudar jovens e adultos com baixa escolaridade a encontrar caminhos.

VI) **Elevados custos de administração e operação.** Não há estudos publicados sobre os custos de administração da educação, mas as ineficiências são óbvias. Limitamo-nos a apontar, sem quantificar, áreas onde ocorrem os maiores desperdícios: excesso de funcionários nas secretarias e fora das escolas (em uma secretaria estadual, o custo total de funcionamento equivale a 20% dos custos totais da rede); desperdícios decorrentes da existência de duas redes de ensino num mesmo município; o Brasil possui 80 mil escolas urbanas, onde está a maior concentração populacional, e mais de 100 mil unidades rurais; escolas com tamanho e quadros de pessoal disfuncionais; gastos excessivos e desnecessários com transporte escolar decorrentes da falta de planejamento e de otimização dos serviços.

Contribui para o aumento da ineficiência a forma de operação do MEC em relação à implementação de seus programas. Seja por pressão, seja por comodidade, os municípios preferem aderir aos programas federais, mesmo que inadequados ou inúteis, a tomar iniciativas efetivamente relevantes.

Além da ineficácia, a complexidade desses programas exige muita atenção dos secretários de educação e dos diretores, desviando-os de suas reais necessidades e prioridades. No entanto eles preferem seguir os procedimentos e programas do MEC, pois assim evitam riscos e questionamentos, mesmo que as ações não tenham qualquer relevância ou aderência à realidade local.

Essas razões têm levado muitos analistas a considerar inviável aumentar recursos para a educação antes de corrigir algumas dessas distorções, especialmente as ligadas com a relação de professores e turmas. A evidência dos últimos 20 anos mostra que houve o aumento expressivo dos recursos para a educação básica, o qual permitiu uma elevação significativa do piso salarial dos professores, cujo valor passou de 100 para 600 dólares por mês, mas não trouxe mudanças nem no perfil de recrutamento, nem nos resultados dos alunos.

3º) *Baixa qualidade*

A qualidade da educação formal no Brasil é baixíssima, seja avaliada por critérios nacionais ou internacionais. Significa dizer que a maioria dos alunos não adquire os conhecimentos básicos que deveria. O Quadro 2.11 apresenta os resultados da Prova Brasil de 2011 e indica o número de alunos que atingiu níveis satisfatórios de aprendizagem ao final de cada etapa avaliada.

Quadro 2.11 – *Percentual de alunos com desempenho satisfatório na Prova Brasil*

Redes	5º ano		9º ano	
	Língua Portuguesa	Matemática	Língua Portuguesa	Matemática
Públicas (total)	37%	33%	22%	12%
Estaduais	40%	36%	23%	12%
Municipais	35%	31%	20%	11%
1) De acordo com os critérios sugeridos pelo Movimento Todos pela Educação, o mínimo esperado no 5º ano é de 200 e 225 pontos, respectivamente em Língua Portuguesa e Matemática, e para o 9º ano, 275 e 300 pontos.				

Fonte: Microdados da Prova Brasil 2011/Qedu.org.br

O Quadro 2.12 apresenta os resultados do Exame Nacional do Ensino Médio. Os resultados do ENEM referem-se apenas aos alunos que cursavam o ensino médio e as notas são numa escala de 0 a 1.000. A rede federal é constituída essencialmente por colégios de aplicação e escolas técnicas que, de uma ou outra forma, adotam critérios seletivos para escolha de alunos. As redes municipais são constituídas por poucas escolas. Interessam os dados das redes estaduais, em que a média sempre se situa abaixo de 500 pontos, ou seja, da nota 5. Os alunos das redes estaduais ficam muito abaixo dos alunos das redes particulares, especialmente em matemática e redação.

Quadro 2.12 – *Resultados do ENEM em 2013 por área e rede de ensino*

Área	Federal	Estadual	Municipal	Particular
Matemática	625	491	547	615
Ciências Humanas	590	507	539	584
Redação	613	491	533	602
Linguagens	545	481	513	545
Ciências da Natureza	548	458	488	541

O Quadro 2.13 refere-se à Avaliação Nacional da Educação Básica (Aneb), uma prova aplicada em amostras de alunos do 3º ano do ensino médio. Trata-se da mesma Prova Brasil, só que aplicada a uma amostra, e não à população total dos alunos.

Quadro 13 – *Desempenho dos alunos do 3º ano do Ensino Médio*

Redes	Língua Portuguesa	Matemática
Estadual	260	264
Federal	325	359
Privada	312	332

Fonte: Aneb/MEC 2011

A média dos alunos das redes estaduais situa-se abaixo do nível de desempenho esperado para alunos do 9º ano (275 e 300 pontos para Língua Portuguesa e Matemática, respectivamente). A escala do Aneb é a mesma escala da Prova Brasil. E isso ocorre apesar do elevado nível de deserção e reprovação no ensino médio. Os resultados do Programa Internacional de Avaliação dos Alunos mostram a posição relativa do Brasil em relação a países mais desenvolvidos. O Quadro 2.14 apresenta dois resultados da última rodada, em 2012.

Quadro 2.14 – *Os brasileiros no Pisa 2012*

	Matemática	Leitura	Ciências
Brasil, % abaixo do nível 2	67	49	61
OECD, % abaixo do nível 2	8	23	8
Brasil, % no nível mais elevado	1	0,5	0,3
OECD, % no nível mais elevado	8%	23%	8%

Esses dados permitem observar que o sistema educacional está mal tanto na base quanto no topo. O nível 2 indica um nível de proficiência básica que grosseiramente poderíamos considerar como equivalente ao esperado para alunos do 5º ano do ensino fundamental. No topo, a proporção de alunos brasileiros é ainda menor. Outro dado relevante e complementar: a média do grupo dos melhores alunos brasileiros no Pisa é de 470 pontos, o que é 30 pontos abaixo da média geral do Pisa. Significa que nosso grupo de elite, em média, se compara à média dos alunos provenientes de classe C2 nos países desenvolvidos.

Estudos realizados por Ruben Klein (2012, 2013) e pelo professor Martin Carnoy, da Universidade de Stanford (2014) mostram que as poucas melhorias detectadas no Pisa refletem o fato de que os brasileiros estão ficando mais tempo na escola, e a cada série aprendem um pouco mais, mas isso não significa que o ensino esteja melhorando. Além disso, fatores extraescolares como a escolaridade da mãe e a existência de livros em casa explicam mais os avanços de aprendizagem do que melhorias no ensino.

Em síntese: em termos absolutos nosso sistema educacional é desastroso; em termos relativos nosso sistema educacional é medíocre.

4º) Baixa qualidade não promove a equidade (ao contrário)

Os dados apresentados no estudo citado de Carnoy e os dados apresentados no Quadro 2.4 sugerem que a educação no Brasil também não promove a equidade. É a melhoria na economia que vem contribuindo para explicar a subida dos indicadores educacionais. Considerando os *rankings* de Índice de Desenvolvimento Humano divulgados pela Organização das Nações Unidas (ONU), o Brasil é um dos países de maior concentração de renda e desigualdade social do mundo. Temos melhorado, mas ainda somos um país muito desigual. O problema com a educação é que ela é um dos poucos mecanismos (talvez o único conhecido) que pode permitir a redução das desigualdades sociais. Isso se tornou especialmente verdadeiro na sociedade atual, em que o conhecimento se converteu no maior capital dos indivíduos e das nações.

Historicamente (e para a maioria das pessoas), a educação tem sido um meio importante de conduzir o progresso, mas não tem conseguido cumprir o seu papel de redução de desigualdades. Na melhor das hipóteses, tem reproduzido essas diferenças. No Brasil, a educação tem contribuído para aumentar essas diferenças, por erros e omissões das políticas vigentes.

As desigualdades educacionais brasileiras se manifestam de diferentes formas: regionais, socioeconômicas e raciais. Há diferenças no acesso, mas, sobretudo, há enormes diferenças nas condições de progresso e sucesso reveladas nos elevados índices de reprovação e evasão fortemente associados ao nível socioeconômico.

Outra razão pela qual a educação contribui para aumentar, e não para reduzir as desigualdades, decorre da inexistência de padrões mínimos de operação das escolas dentro de uma mesma rede de ensino. O Quadro 2.15 apresenta o resultado do desempenho das escolas de um município com mais de 300 mil habitantes. Esse resultado é típico de qualquer município brasileiro: por falta de capacidade de montar e gerir redes de ensino, cria-se uma enorme diferença de desempenho entre escolas e, normalmente, também gera-se concentração das piores escolas onde estão os alunos com maior dificuldade.

Quadro 2.15 – *Resultado das escolas da rede municipal do Município "X"*

Pontuação	Rede Municipal (nº de escolas)				Rede Estadual (nº de escolas)			
	Língua Portuguesa		Matemática		Língua Portuguesa		Matemática	
	5º ano	9º ano	5º ano	9º ano	5º ano	9º ano	5º ano	9º ano
< ou = 150	-	-	-	-	-	-	-	-
> ou = 150 e < ou = 160	-	-	-	-	3	-	1	-
> ou = 160 e < ou = 170	11	-	-	-	7	-	-	-
> ou = 170 e < ou = 180	7	-	1	-	4	-	1	-
> ou = 180 e < ou = 190	19	-	7	-	4	-	6	-
> ou = 190 e < ou = 200	7	-	9	-	2	-	5	-
> ou = 200 e < ou = 210	4	1	16	-	-	1	3	-
> ou = 210 e < ou = 220	1	1	8	-	-	4	3	3
> ou = 220 e < ou = 230	-	1	5	2	-	10	1	5
> ou = 230 e < ou = 240	-	10	2	2	-	13	-	12
> ou = 240 e < ou = 250	-	4	1	5	-	5	-	10
> ou = 250 e < ou = 260	-	4	-	8	-	1	-	4
> ou = 260 e < ou = 270	-	-	-	3	-	2	-	1
> ou = 270 e < ou = 280	-	1	-	1	-	-	-	1
> ou = 280	-	-	-	1	-	2	-	2
Nº de escolas avaliadas	49	22	49	22	20	38	20	38

Fonte: MEC/Prova Brasil 2011

Esse quadro permite observar dois importantes fenômenos que ocorrem em praticamente todos os municípios do país. O primeiro deles é a enorme dispersão dos resultados das escolas dentro de um mesmo município e rede de ensino, o que indica não haver um padrão de ensino, diferentemente do que ocorre na maioria dos países. Cada escola faz o que quer ou o que pode. O outro fenômeno é a superposição entre os resultados dos alunos do 5º e do 9º ano. Numa mesma rede de ensino ou numa mesma escola os alunos do 9º ano podem saber igual ou menos do que alunos do 5º ano.

O já citado estudo de Soares e Alves (2013) confirma outra forma como o sistema educacional brasileiro perpetua desigualdades: temos apenas 706 escolas que produzem resultados significativamente superiores ao que seria de se esperar com base no status socioeconômico dos alunos. Mas essas escolas não estão concentradas em alguns municípios, estão dispersas em mais de 600 cidades, o que significa duas coisas. Primeiro, que escolas fazem e podem fazer diferença. Segundo, que no Brasil isso ocorre unicamente devido à ação unilateral das escolas, não como fruto de políticas públicas. Sabemos como fazer uma boa escola, pelo menos há 706 pessoas que sabem, não há segredo. A incapacidade de montar e operar redes de ensino constitui a principal causa pela qual as escolas não conseguem cumprir o seu papel de reduzir desigualdades. Estamos apenas começando a descobrir os fatores associados às redes de ensino de melhor qualidade (FUNDAÇÃO LEMANN, 2014).

Os problemas de equidade no Brasil são menos de acesso e mais de progresso e sucesso. Alunos chegam mal preparados à escola, em seus vários segmentos, e não conseguem progredir (ver Quadro 2.4). As desigualdades são exacerbadas no ensino médio e superior. No ensino médio, a falta de opções leva a maioria dos alunos a não concluir esse nível, com o agravante já alertado de ficarem legalmente bloqueados de cursar carreiras técnicas ou profissionalizantes. No ensino superior o sistema de cotas ainda precisa ser avaliado. A igualdade de acesso não pode servir de pretexto para substituir a igualdade de oportunidades com base no mérito. Além disso, constituem fatores de inequidade o ensino superior gratuito, dada sua elevada taxa de retorno, e a falta de bolsas de manutenção para os alunos mais pobres que são aprovados nas instituições federais de ensino que exigem dedicação integral.

Finalmente, uma grande e silenciosa desigualdade encontra-se escondida por trás do mecanismo de isenção de imposto de renda para despesas com educação: todos pagam impostos, mas os que ganham mais podem descontar as despesas com instrução privada. Os outros vão para a escola pública.

5º) A gestão engessada

Os problemas de gestão da educação brasileira não se resumem à dificuldade de obter quadros gerenciais competentes: referem-se ao ordenamento, à estrutura, organização e funcionamento do sistema educacional. Não se trata, portanto, de lamentar a falta de preparo dos secretários de educação ou dos diretores da escola, embora, em qualquer país, seria um formidável desafio conseguir 5,5 mil excelentes gestores municipais e mais de 100 mil diretores de escola com elevados níveis de qualificação. A questão é anterior: refere-se ao arcabouço que permite ou não às pessoas serem eficientes.

A organização do sistema federativo é atípica. Na Constituição de 1988, os municípios tornaram-se confederados e a divisão de funções entre os entes federados é ambígua, batizada na Constituição com o nome de "regime de colaboração", e que na prática funciona como a "casa da mãe Joana". Dado o desequilíbrio do poder político e econômico, o governo federal tudo pode e tudo faz. Os governos municipais podem estabelecer um sistema de ensino, mas esse sistema só tem jurisdição sobre a sua rede e os governos estaduais tornam-se cada vez mais impotentes e irrelevantes.

A estrutura das secretarias estaduais constitui outro empecilho à eficiência. De um lado, elas têm presença em todos os municípios, que podem chegar a quase mil em alguns Estados, muitas vezes oferecendo ensino fundamental, médio, EJA e até mesmo ensino superior. Raramente elas possuem estruturas adequadas para gerenciar suas redes e, mais raramente ainda, para se articular com as redes municipais. A maioria das secretarias estaduais possui unidades regionais, cujas funções variam desde servir de braços político-eleitorais a escritórios de apoio à infraestrutura ou minifeudos para exercício do poder. Dada sua estrutura e função, dificilmente podem servir para melhorar a qualidade da gestão ou do ensino.

A estrutura das secretarias municipais de educação comumente reproduz o organograma do Ministério da Educação: ao invés de se organizarem para supervisionar e apoiar as escolas, elas se organizam como se fossem um órgão de planejamento e de ações pedagógicas raramente fundamentadas. Há departamentos para crianças menores, maiores, com necessidades especiais, indígenas, do primeiro ciclo, do segundo ciclo, para programas especiais. Cada departamento tem suas ideias e prioridades sobre o que as escolas devem fazer. Cada unidade relaciona-se diretamente com os diretores das escolas e, quanto mais ativas as Secretarias, mais inibem a ação efetiva do diretor.

Secretarias de municípios com apenas mil ou dois mil alunos possuem estruturas e obrigações idênticas às das grandes metrópoles. Seus secretários passam de 50 a 80 dias por ano em reuniões convocadas por instâncias extramunicipais e que trazem pouco proveito para melhorar a educação. Na prática, a maioria das secretarias se crê e se vê como uma dependência administrativa do MEC e esgota a maioria dos seus recursos no preenchimento de quadros e envio de dados, na elaboração de planos e projetos para o Ministério ou na implementação de programas incentivados, propostos ou forçados pela nem sempre sutil truculência MEC. Além disso, as secretarias despendem um esforço (por vezes descomunal) cuidando de acertar prestação de contas devidas pelas escolas diretamente ao Ministério da Educação. Deveria constituir fator de preocupação o que não há nessas secretarias: um setor de planejamento, demógrafos, economistas, especialistas em logística, manutenção, analistas de dados e superintendentes de escolas.

A escola é a unidade operacional da educação. Por isso o maior gargalo da gestão reside no diretor. Um sistema bem montado deveria assegurar as condições necessárias para as escolas funcionarem. No Brasil, não temos uma noção clara do que seja a Escola, não temos uma tipologia bem definida: há escolas só de maternal; de pré; infantis; com pré e séries iniciais; com pré, séries iniciais e finais; escolas só com ensino fundamental; para crianças de zero a 14 anos de idade; escolas com um, dois ou três turnos; escolas com várias unidades agregadas. Enfim, não se trata de pluralismo ou diversidade, é uma grande bagunça.

Da mesma forma, a regulamentação da escola pelas secretarias não é clara. Poucas são as secretarias de educação que possuem um currículo, um regimento escolar comum às suas escolas, especificando direitos, deveres, limites de autoridade ou sequer o início e término do ano letivo! Raríssimas são as escolas que possuem contratos de gestão ou termos de responsabilidade pelos quais serão cobradas. Dada nossa tradição ibérica de regulamentar uma realidade que não existe, própria das Ordenações Manuelinas, a Lei de Diretrizes e Bases da Educação Nacional (LDBN), cria expectativas de que as escolas (essas que estão aí) façam sua própria proposta pedagógica mesmo na falta de currículos e de professores devidamente preparados. É o predomínio da forma sobre a substância, do sonho sobre a realidade, como se vivêssemos na Finlândia. Mesmo quando há propostas, quase não há secretarias que as examinam. Em certa oportunidade, recolhi centenas de propostas pedagógicas em secretarias municipais de todo o país. Eram todas essencialmente copiadas umas das outras, sem qualquer orientação útil para promover um ensino de qualidade.

Mais grave: não temos sistemas adequados de carreira de diretores. Na prática, temos dois mecanismos predominantes: escolha política e eleição. A escolha política não seria tão grave se, na educação, ela não estivesse associada a uma intenção clara de criar feudos eleitorais para viabilizar a base de apoio dos vereadores ao prefeito. Nesses casos, que são a maioria, o diretor passa a responder a um comando que está fora do setor educativo ou passa a servir a dois senhores, o que também não funciona. Há sistemas mistos em que a escolha política é mitigada por indicação técnica ou a eleição é mitigada por algum tipo de seleção.

Apenas para servir de parâmetro para entender o erro dessas duas opções sobre escolha de diretores: nos países com sistemas educacionais avançados só há dois tipos predominantes para escolher diretor: um é por meio de carreiras, o outro é semelhante à escolha de executivos para empresas. Quem contrata ou nomeia o diretor é sempre a autoridade responsável pela escola. Nunca é a própria escola. Isso permite controle sobre a eficiência do trabalho do diretor, uma avaliação externa que evita protecionismos e corporativismos que visam manter feudos intactos.

Para tornar pior o que já é ruim: os mecanismos inadequados de escolha de diretor, por sua vez, estão associados a curtos períodos à frente da escola, o que inviabiliza a formação e consolidação de equipes. Como os políticos, o diretor já entra pensando na próxima eleição. No questionário do Censo Escolar sequer existe a pergunta se o diretor é integrante de uma carreira própria.

6º) Aparelhamento dos órgãos deliberativos e judicialização

De boas intenções o inferno está cheio. A intenção de promover a participação e o controle social levou à criação de inúmeros conselhos que gravitam em torno da escola. O diretor é sujeito a responder a vários conselhos externos à escola, dos direitos da criança, do Fundeb, da merenda escolar etc.

Não existem avaliações sobre a eficácia desses conselhos, mas a observação do que acontece no cotidiano dos municípios e escolas sugere que, além de não cumprirem sua missão, eles mais atrapalham do que ajudam. As razões são várias. Uma delas é a fragilidade institucional desses conselhos. Frequentemente não possuem condições operacionais ou são desprovidos de conselheiros preparados para suas funções. Nesses casos, além de dar muito trabalho, só funcionam quando o diretor é competente e os faz funcionar, o que significa também que seriam desnecessários. A outra é o aparelhamento dos conselhos por representantes de interesses específicos, e não do interesse público. Nesses casos, os representantes se valem dos conselhos para promover ou defender as suas causas, mais do que para realizar o efetivo controle público ou a participação social. O terceiro é o volume de tempo e trabalho que dá ao diretor, retirando-o de suas funções. Para a maioria desses conselhos existem mecanismos muito mais eficazes de controle.

Outra tentativa de assegurar o controle social do poder público se deu com a criação do Ministério Público. Estão fora de questão a importância e o mérito desse poder. O que discuto aqui são a eficácia de sua ação, as prioridades que ele elege para atuar e os custos políticos, administrativos e financeiros que vêm causando à educação. Qualquer secretário de educação é testemunho do trabalho que as secretarias vêm tendo para lidar com as questões levantadas pela judicialização da educação. Por outro lado, não são claros os benefícios que a ação do judiciário, particularmente a forma sensacionalista da atuação de alguns promotores, traria para a educação e para a promoção de direitos. Vejamos alguns exemplos extraídos de solicitações do Ministério Público a uma Secretaria Municipal de Educação a partir de denúncias realizadas quase sempre por professores ou organizações sindicais:

- MP solicita atas de treinamento de ledores e atas de aplicação de provas para comprovar se houve ledores disponíveis para candidatos com dificuldades visuais que se sentiram prejudicados.

- MP solicita esclarecimentos da secretaria a respeito de movimentação de pessoal que se considerou injustiçado.

- MP interpreta Lei Municipal e solicita que secretaria de educação assegure ao Sindicato de Servidores o direito de fiscalização de concursos, acesso a provas corrigidas e representação na Banca Examinadora.

- MP solicita esclarecimentos sobre "possíveis irregularidades" no pagamento de 13º salário e férias de servidor.

- MP solicita informações quanto à veracidade de denúncias sobre não pagamento de fiscais de provas.

- MP solicita informações acerca da inexistência de Escola Adequada para Aluno com Necessidade Educacional Especial e do atendimento específico a um aluno.

- MP solicita acompanhamento pedagógico especial a um aluno.

- MP solicita informação sobre suposta irregularidade na cessão de prédio escolar.

- MP solicita explicações sobre atraso do início do ano escolar e sobre a elaboração de um novo calendário escolar e reposição de aulas.

- MP solicita informações sobre as medidas adotadas em relação à infraestrutura de uma escola e dos serviços de reforma iniciados.

- MP solicita informações sobre o número de nutricionistas.

Os exemplos acima dão o tom do que move os pleiteantes, da falta de diálogo com a administração, do uso de mecanismos administrativos. Esse município, em particular, hoje conta com um quadro de quase dez advogados unicamente destinados a atender as demandas do MP, todas elas com prazo de dez dias para respostas. Não se contestam aqui os direitos ou a legitimidade dos pleitos. Os pontos centrais são o estado de espírito que move as partes a contestar os atos da administração e a falta de canais administrativos para a solução de problemas. A outra questão é de prioridades: não é por aí que se encontram os grandes problemas da educação, muito menos o encaminhamento de suas soluções.

Um tema recorrente nos embates das secretarias de Educação com o Ministério Público é a necessidade de quadros efetivos de professores. Trata-se de uma exigência constitucional. O que muitas vezes os promotores não levam em consideração é a existência de distorções, como o excesso de alunos repetentes ou a inflexão demográfica, que não justifica criar cargos permanentes quando o poder executivo sabe que em poucos anos vai diminuir o total de alunos. Na área da educação especial é comum que promotores exijam atendimento especial a um aluno específico, estabelecendo parâmetros que, se aplicados a todos os alunos com necessidades especiais, inviabilizariam o orçamento público.

O que a maioria desses exemplos ilustra é o que nos parece ser o uso inadequado do Ministério Público e o fato de, em muitos lugares, ele se deixar usar dessa forma, ou mesmo incentivar esse uso quando dá publicidade e tom de escândalo a pleitos nem sempre justos. A maioria dos assuntos que estão sendo tratados nessa esfera poderia ser resolvida pela via administrativa, a qual, no sistema atual, é frequentemente desconsiderada pelos pleiteantes e ignorada pelo Ministério Público, contribuindo para o enfraquecimento e a intimidação do Poder Executivo.

Também há problemas de forma: não é incomum o uso político dos gabinetes dos promotores para promover manifestações, protestos, dar publicidade e palanque a grupos de protesto antes de se examinar o mérito das questões. É claro que aqui estamos tratando de comportamentos individuais, mas que, além de desnecessários e descabidos, poderiam ser inibidos mediante a adoção de leis, regulamentos e uma corregedoria mais atuante. As mudanças nos critérios para provimento do cargo (aumento de idade, exigência de anos de experiência) são sinal de que as observações aqui registradas não são incomuns e são do conhecimento do Conselho Nacional de Justiça.

O fato de que secretarias de Educação montam verdadeiros escritórios de advocacia em seus quadros apenas para lidar com o Ministério Público atesta a disfuncionalidade dessa forma de agir. O maior dano à educação reside em acuar os secretários que, diante da possibilidade de questionamentos, preferem adotar uma atitude passiva ou acatar acordos que nem sempre contribuem para promover a melhoria da educação. Em vários municípios, muitos secretários e prefeitos, sem o devido respaldo jurídico, tomam as indicações ou "denúncias" do Ministério Público como decisão final, mesmo antes da necessária apreciação pelo poder Judiciário. Este, por sua vez, nem sempre age de maneira tempestiva ou imparcial, tornando a educação refém de interesses diversos.

Não se trata aqui de fazer acusações genéricas ou específicas a juízes ou a membros do Ministério Público, pois seria incorrer no mesmo erro que estamos denunciando. Muitas das reivindicações dos reclamantes possivelmente são justas e meritórias, talvez a maioria delas. O que tem ocorrido, no entanto, são propostas irrealistas e impraticáveis que acabam inviabilizando as finanças, a autoridade ou a gestão do setor. É fundamental a atuação do Ministério Público. Mas mais que tudo, tem faltado equilíbrio por parte daqueles que ocupam postos de alta responsabilidade exatamente para assegurar o equilíbrio na sociedade.

7º) *Todo mundo está feliz com o que é ruim*

Este é o principal problema: tirante os escândalos que mobilizam a mídia e algum muxoxo de eternos inconformados ou de oportunistas de plantão, a sociedade brasileira de modo geral está bastante feliz com a educação. Vejamos alguns levantamentos:

I) Na Primeira Pesquisa Nacional de Avaliação da Satisfação dos Usuários dos Serviços Públicos, realizada em 2000 pelo Ministério do Planejamento, já se podia notar a satisfação do brasileiro diante dos serviços públicos pesquisados: educação, previdência e saúde. Entre esses três setores, a educação apresentou a maior taxa de satisfação por parte dos usuários: 78,5%. Foram avaliados 22 aspectos da educação. Na visão dos usuários, 10 dos 22 indicadores tiveram nota superior a 80% e apenas dois itens tiveram nota inferior a 64%.

II) Enquete realizada em 2008, o IBOPE detectou que mais de 70% dos brasileiros estavam satisfeitos com a qualidade da educação no país. No mesmo ano uma pesquisa CNT/SENSUS constatou que 63% consideravam boa a escola pública onde seus filhos estão matriculados (92% para escola particular); 62% consideravam que a escola pública os preparava adequadamente para o futuro (83% para escola privada). A Fundação Vitor Civita verificou naquele ano que os pais davam nota 6,0 para escola pública e 8,0 para escola privada.

III) Em pesquisa IBOPE/CNI, no ano de 2010, os entrevistados atribuíram notas entre 6,0 e 7,0 para a educação pública e entre 7,5 e 8,0 para a educação privada.

IV) Segundo Sistema de Indicadores de Percepção Social de 2011, 48,7% dos entrevistados consideravam que a educação melhorou. Para os entrevistados sem nível superior, esse número subiu para 54%.

V) Em 2014 o Data Popular apurou que população atribui nota de 4,56 para educação pública; 3,64 para segurança; 3,73 para saúde e 3,87 para transporte.

Numa enquete eleitoral em 2014 a educação surgiu como o 6º ou 7º maior problema que aflige a população. A premência de problemas como violência, saúde ou mobilidade urbana não permite enxergar o futuro ainda mais negro que resultará de uma educação de má qualidade. Nas enquetes realizadas com pais de alunos, o nível de satisfação com a educação tem se reduzido, mas a nota da educação ainda se situa acima de sete pontos.

Esses dados podem ser relativizados em função do contexto em que são obtidos e em função das premências e urgências de curto prazo, que acabam afetando as preocupações de longo prazo. Mas o fato é que a maior parte da sociedade brasileira, em todos os níveis, não tem ideia do que seja educação de qualidade, não cobra educação de qualidade para seus filhos ou para a escola pública e não dispõe de canais eficazes para pressionar as escolas e o governo para melhorar a educação.

Isso nos traz ao ponto inicial: não há consenso entre a própria sociedade a respeito da função de escola e passou a se contentar com o que recebe.

Resultado: o Brasil produziu um vastíssimo sistema escolar em poucas décadas, criou uma escola com cara de Brasil, como nossas virtudes e defeitos, mas não com cara de Escola. No próximo capítulo aprofundamos esse diagnóstico.

03

CAUSAS

Nos capítulos anteriores demonstramos o processo de desconstrução da escola e suas consequências retratadas pelos baixos indicadores de eficiência, qualidade e equidade. No primeiro capítulo abordamos a questão do ponto de vista conceitual. No segundo, do ponto de vista quantitativo. Neste capítulo traçamos uma análise qualitativa para entender melhor as causas dos problemas. Esta reflexão é necessária para compreender a situação e avaliar a dificuldade dos governantes e gestores que tentam melhorar, bem como para apreciar os limites de qualquer proposta de mudança e identificar possíveis brechas e saídas. O raciocínio gira em torno da questão central: a falta de consenso sobre o papel da escola gera falta de pressão e falta de condições para mudar. Por isso começamos e terminamos o capítulo refletindo em torno desse tema.

1) Falta pressão para mudar

A sociedade, em geral, não apresenta demandas para melhora da qualidade do ensino. Isso vale para os pais dos alunos que frequentam a escola pública, os que frequentam a escola privada, as elites em geral e, especialmente, as elites empresariais. O nível de satisfação razoavelmente elevado dos pais dos alunos de escolas públicas, como observado no final do capítulo anterior, é explicável por uma série de razões. Primeiro, reconhecem que seus filhos têm mais facilidade para encontrar vagas do que eles tiveram. Também ficam mais anos na escola, que, por sua vez, está mais bem equipada do que no tempo deles: prédios melhores, merenda, transportes, uniforme, livros etc. Esses pais pensam: "até que a educação não está tão mal assim: tem aula todo dia, há professores...". Segundo, observam que a oferta de vagas e oportunidades se amplia em todos os níveis e para todas as pessoas. Terceiro, são influenciados pela propaganda oficial que sempre apregoa o lado bom e as melhorias.

A falta de pressão também pode resultar, em parte, da válvula de escape representada pelo refúgio de 17% da população nas escolas particulares, o que inclui a maior parte dos brasileiros de nível socioeconômico mais elevado. Sabemos que esse grupo não tem preconceito contra a escola pública: basta examinar o que acontece com as matrículas nas últimas séries dos colégios de aplicação, colégios militares, escolas técnicas federais ou nas universidades públicas. Onde há ensino de qualidade as elites econômicas são as primeiras a ocupar as vagas, como ilustrado nos Quadros 3.1 e 3.2. Como se observa, e apesar do sistema de cotas, as Classes A e B representam pouco mais de 35% da população, mas ocupam mais de 55% das vagas nas universidades públicas.

Quadro 3.1 – *Distribuição dos estudantes das Universidades Federais por classes econômicas (%)*

Classe/renda mínima	Proporção	Proporção da população das grandes regiões metropolitanas
A1 (R$ 11.480)	2,35%	0,5%
A2 (R$ 8.295)	12,9%	4,0%
B1 (R$ 4.754)	17,58%	10,0%
B2(R$ 2.656)	23,5%	21,8%
C1 (R$ 1.459)	19,59%	26,3%
C2 (R$ 962)	14,01%	22,5%
D (R$ 680)	9,6%	14,9% (DE)
E (R$ 415)	0,47%	

Fontes: Relatório do Perfil Socioeconômico e Cultural dos Estudantes de Graduação das Universidades Federais Brasileiras/ANDIFES e ABEP.

Quadro 3.2 – *Tipo de escola em que o aluno de Universidade Federal cursou o ensino médio*

Somente escola pública	44,81%
Maior parte em escola pública	5,58%
Maior parte em escola particular	7,24%
Somente em escola particular	42,36%

Fonte: Relatório do Perfil Socioeconômico e Cultural dos Estudantes de Graduação das Universidades Federais Brasileiras/ANDIFES

No Brasil é muito confortável ser membro de uma elite e colocar seu filho nas "melhores" escolas, pois sabem que o nível de exigência para entrar em uma instituição de ensino superior renomada, como algumas universidades estaduais e federais, é relativamente baixo: basta estar na frente dos outros. Como o mar de mediocridade é grande, com um pouquinho de esforço a mais se conseguem atingir objetivos aparentemente difíceis. Esse é o pensamento da classe média e a razão de sua satisfação com o nível de exigências das escolas particulares.

Pais insatisfeitos com a escola particular dispõem de mais recursos. Podem se conformar, por princípio ou convicção, podem chiar e fazer valer suas opiniões ou podem sair e procurar outra escola que melhor atenda a seus interesses. Porém, fieis à crença de que as pessoas podem se salvar sozinhas, a classe média e as elites não entendem o mal que uma educação pública de qualidade ruim faz a si mesmos, aos seus filhos e ao país. Consequência: os pais estão satisfeitos com o sistema de ensino privado e não se interessam por cobrar um ensino público de qualidade, nem para seus filhos e muito menos para os filhos dos outros.

O silêncio que mais impressiona e mais danos causa ao país é o das elites empresariais. Os empresários sentem no cotidiano o efeito da uma educação de baixa qualidade. Eles possuem estudos que indicam a relação entre educação e produtividade. Também sabem que clientes e consumidores mais bem educados são mais exigentes e provocam as empresas a inovar e a se tornarem mais eficientes e competitivas. Conhecem os maus hábitos e as lacunas produzidas pelos egressos do sistema educacional. Reconhecem o desperdício e o desajuste do sistema de ensino médio e a falta de oferta de educação profissional, especialmente no setor de serviços. Gastam fortunas com recrutamento, demissões por desajuste, treinamento de pessoal. Mas não reclamam, não pressionam, não cobram. Apenas se limitam a fazer pronunciamentos no escurinho das câmaras de produtividade e em documentos oficiais de baixo calibre.

Os empresários são até dóceis, muito mais do que quando seus interesses econômicos são diretamente atingidos por medidas governamentais. Isso se explica por várias razões. Uma delas é a existência das instituições do Sistema S, que contam com recursos próprios e compensam grande parte das deficiências do sistema educacional, especialmente no setor industrial. Outra é a dependência dos empresários em relação ao Estado e, associada a ela, a força de cooptação do governo. Por exemplo, ainda que se vissem distorções, seria difícil para a Confederação Nacional da Indústria (CNI) exigir avaliações de custo-benefício ou criticar iniciativas como as Pronatec, já que ela recebe mais de 2 bilhões de dólares para executar cerca de 50% das atividades desse programa.

Falta pressão para a escola melhorar, porque falta consenso sobre o que é a escola, falta consenso para saber o que ela deveria ou não produzir. Falta pressão porque tanto as elites e formadores de opinião quanto os empresários acreditam que podem se salvar sozinhos, mantendo o dualismo que caracteriza a sociedade e a educação brasileira.

2) A vala comum, o Brasil é assim

Este é outro ponto que cito anteriormente, mas precisa ser mais bem entendido. Não é só pela desinformação ou por tapar o sol com a peneira, por não querer enxergar os problemas educacionais evidentes, que os brasileiros não clamam por um ensino de melhor qualidade. Também existe no país o senso comum de que os serviços públicos são ruins, para não se dizer péssimos, e que a educação não é muito diferente dos outros serviços sociais prestados à população. Acredita-se que o ensino está tão mal quanto os setores da saúde, da segurança, da justiça, do transporte etc. Para os cidadãos, o Brasil é assim mesmo e dá-se jeitinho para tudo. A educação é tão boa e tão ruim quanto o resto.

Nos períodos eleitorais é comum a divulgação de pesquisas de opinião a respeito dos diferentes serviços púbicos. Os itens são sempre os mesmos que afetam o cotidiano das pessoas: educação, saúde, transportes, emprego, inflação, segurança, habitação, estradas etc. É fácil entender que a população priorize os problemas imediatos. Falta de vagas pode ser um problema imediato, mas qualidade da educação é algo que se nota apenas em longo prazo. É por isso que nas eleições de 2014 a educação não foi uma reivindicação tão forte quanto outros problemas mais imediatos. O problema é que uma educação de qualidade é o único mecanismo capaz de melhorar a vida das pessoas, o que se consegue somente em longo prazo.

É muito importante ressaltar a notória incapacidade que o Brasil possui em lidar com a questão da equidade. Sempre que um direito é aberto às massas, é oferecido com má qualidade, em um patamar diferente. O resultado é uma inclusão cada vez mais exclusiva e a evidência de que o país não consegue promover a equidade. Há dificuldade em lidar de forma mais eficiente com áreas sociais que afetam a massa, porém, nunca é demais relembrar, a educação é o único setor capaz de mudar a vida das pessoas, motivo pelo qual precisa ser diferente, ainda que faça parte desse contexto geral do jeitinho.

Como já observara Wanderley Guilherme dos Santos (1979), o Brasil tem um jeitinho especial de incorporar os grupos menos favorecidos: quando se universalizam direitos e serviços, dilui a qualidade. A escola "democratizada" perdeu, entre outros, um de seus componentes essenciais, a ideia de meritocracia, e pouco tem a ver com a escola necessária para formar e reproduzir as elites do país e desenvolver o seu principal e mais valioso recurso: a capacidade das pessoas de absorver e produzir conhecimentos.

> "A educação é o único setor que pode mudar a vida das pessoas. Por isso precisa ser diferente, ainda que faça parte desse contexto geral do 'jeitinho'."

3) Manutenção da estratégia expansionista

Como já vimos, o Brasil começou a implementar seu sistema educacional com pelo menos 200 anos de atraso. Muito mudou desde 1950, época em que, de acordo com dados do Censo Demográfico do IBGE, 64% da população do Brasil ainda vivia na área rural. O país entrou no processo de industrialização. Iniciou-se, então, a migração populacional para as áreas urbanas e a pressão para que a educação pública atendesse a essa demanda. Do ponto de vista histórico, é normal que quando se inicia a industrialização comece a haver exigência de escolaridade. Como vimos no Quadro 2.1, hoje o Brasil possuiu mais gente na escola do que tinha de população em 1950. Ou seja, em pouco mais de 60 anos colocamos na escola mais do que toda a população de países como a Alemanha, França, Inglaterra e Itália, cujas populações não aumentaram muito nesse período de 60 anos.

Uma coisa é ampliar a escolaridade, outra é a estratégia adotada, com tal sequência e ritmo. O Brasil não teve paciência e quis fazer tudo de uma vez. Sequer parou para pensar nos desajustes causados pelos problemas da reprovação em massa, como ilustra a Figura 3.1. Essa figura mostra a relativa rapidez com que corrigimos o fluxo escolar, mas novamente isso não se deu pela adoção de estratégias de melhoria da qualidade, e sim de mecanismos como a promoção automática. Vale ressaltar que essa melhoria no fluxo escolar se deu sem prejuízo da qualidade, o que demonstra a ineficácia de mecanismos como a reprovação em massa.

Figura 3.1 *O fluxo escolar, desajustado pela reprovação em massa, foi corrigido com estratégias de promoção automática*

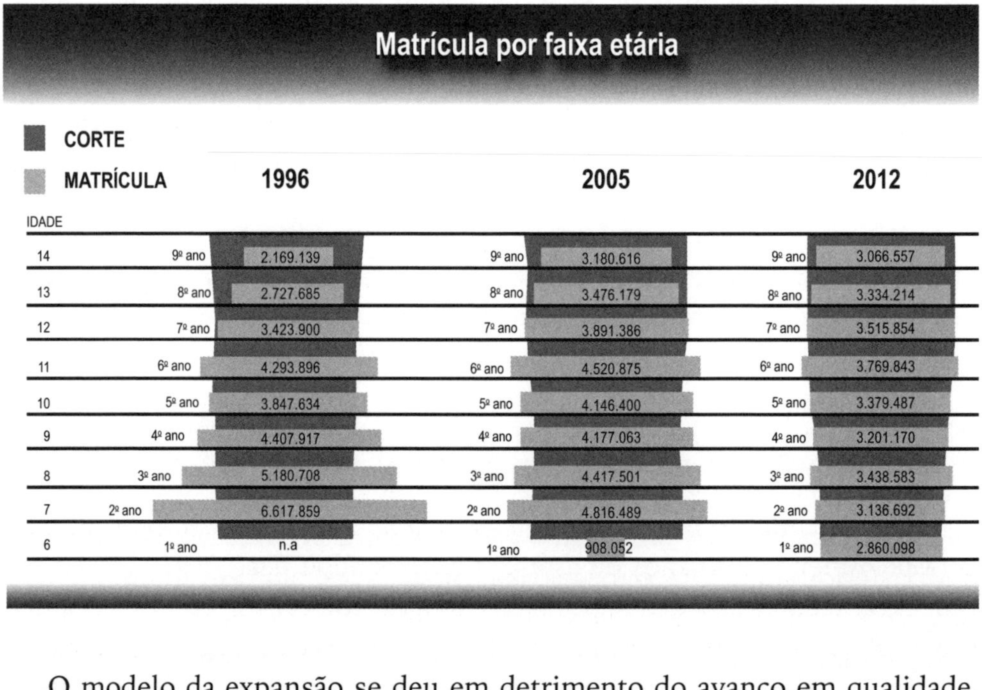

Matrícula por faixa etária

CORTE
MATRÍCULA

IDADE	1996		2005		2012	
14	9º ano	2.169.139	9º ano	3.180.616	9º ano	3.066.557
13	8º ano	2.727.685	8º ano	3.476.179	8º ano	3.334.214
12	7º ano	3.423.900	7º ano	3.891.386	7º ano	3.515.854
11	6º ano	4.293.896	6º ano	4.520.875	6º ano	3.769.843
10	5º ano	3.847.634	5º ano	4.146.400	5º ano	3.379.487
9	4º ano	4.407.917	4º ano	4.177.063	4º ano	3.201.170
8	3º ano	5.180.708	3º ano	4.417.501	3º ano	3.438.583
7	2º ano	6.617.859	2º ano	4.816.489	2º ano	3.136.692
6	1º ano	n.a	1º ano	908.052	1º ano	2.860.098

O modelo da expansão se deu em detrimento do avanço em qualidade. Com recursos escassos, não foi possível manter ou elevar o padrão de qualidade de professores e da escola, muito menos da gestão. Ao invés de promover a qualidade, promovemos a ideia de que mais é melhor. E assim continuamos até hoje, querendo crescer com a mesma dinâmica, expandindo sem paciência, sem cuidados, sem planejamento, aumentando com a ineficiência e tornando mais difícil a implementação das soluções óbvias e duradouras.

4) O clientelismo

Nessa circunstância histórica da expansão que privilegiou a quantidade, o clientelismo encontrou uma acolhida muito grande nos meios políticos. Na relação movida por interesses e com efeitos eleitorais, dá-se jeito para tudo, desde que na base da troca. Se não há professores em uma rede de ensino, nomeiam-se. Se faltam escolas, constroem-se. Se não há merenda, arruma-se. Se não tem transporte escolar, consegue-se. Nada se faz por planejamento ou em função de prioridades. O político adora esse tipo de negociação, o que cria uma série de distorções no modo de prover um serviço público tão essencial.

Nos níveis estadual e municipal, o clientelismo está presente na forma de atribuição de cargos, ou seja, na escolha dos profissionais que fazem parte das instituições de ensino. A escola é usada para dar empregos, potencializado pelo modo predominante de escolha do diretor, do secretário e de outros cargos para os quais não existem concursos, que é a indicação política. Já no nível federal, o clientelismo está presente sobretudo nas formas de financiamento, o conhecido balcão. Embora o governo federal invista apenas 10% do total dos custos da educação básica, a quantidade de dinheiro que estados e municípios podem receber diretamente é muito grande. Tudo em troca de votos, de poder e de mecanismo de influência. Além do nível federal (ao envolver, neste caso, deputados e senadores), o clientelismo que acontece também no âmbito local, nas secretarias envolve a relação diretor-vereador.

Na aparência, o sistema de acesso aos recursos federais é universalista: os municípios elaboram um plano e estabelecem prioridades. Naquilo que o Ministério também reconhece como prioridades, aloca recursos. Na prática não é bem assim. Primeiro, parte significativa dos recursos federais se destina à implementação de projetos federais ou à aceitação de "presentes de grego", como no caso de ônibus escolares ou creches padronizadas pouco adequadas às características locais. A parte relativa às prioridades é flexível: tudo pode ser mudado com um padrinho forte e um clique do computador.

Daí o permanente desfile de governadores e prefeitos a Brasília acolitados pelos respectivos senadores e deputados federais. O aumento dos romeiros em épocas de importantes votações no Congresso não é mera coincidência. O pior dos mundos é a combinação desses dois mecanismos: o governo federal atende o município, desde que implemente seus programas, para assegurar que os números apareçam bem na foto. Um jornalista que se propuser a fazer um trabalho investigativo sobre esse tema trará importantes contribuições à causa da transparência. A educação cresceu muito dentro desse modelo clientelista que continua gerando enormes ineficiências, danos ao aluno e dificuldades para trazer qualidade aos sistemas de ensino.

> "A educação cresceu muito dentro desse modelo clientelista que continua gerando enormes danos ao aluno e dificuldades para trazer qualidade aos sistemas de ensino."

5) A burocracia

Assim como o clientelismo, a burocracia afeta a vida do cidadão, das empresas e da sociedade como um todo. Pior é quando ela se associa ao clientelismo e à corrupção para maximizar o velho adágio de "criar dificuldades para vender facilidades".

A burocracia afeta a educação de diversas maneiras. Um bom exemplo é o que acontece nos pequenos municípios que, para operar um sistema educacional, devem seguir as mesmas leis e os mesmos quesitos burocráticos de uma capital, como ao prestar contas e ao preencher todos os formulários da merenda escolar, além da exigência de se criarem departamentos e uma secretaria de educação. Dessa forma, um município de apenas 10 mil habitantes tem as mesmas burocracias e prestações de contas como a cidade de São Paulo, com sua população na casa dos 10 milhões.

Não é possível administrar um sistema de ensino em que a maioria das pessoas passa o tempo todo preenchendo papéis, fazendo viagens, participando de reuniões e poucos profissionais têm tempo de cuidar efetivamente da educação. A título de promover a participação e controle social, um município pequeno chega a possuir de cinco a oito conselhos para vigiar tudo. Fica todo mundo vigiando e quase ninguém trabalhando.

A complexidade e a morosidade dos processos de compra do setor público levam à criação de várias outras distorções e "balcões". Para "simplificar" a vida dos municípios, o governo federal promove mecanismos como os de preços negociados em pregões eletrônicos. Os provedores se cadastram, são aprovados e os municípios podem comprar esses itens sem licitação. Ao invés de comprar o que é necessário, o município acaba adquirindo o que é oferecido. Assim se aumentam substancialmente os custos de administração e operação.

6) O corporativismo crescente e seus reflexos

Corporações são instituições profissionais, voltadas para o desenvolvimento, promoção e defesa de seus membros. Para cumprir sua missão social, qualquer que seja, vela pelo interesse de seus membros. Portanto, são instituições legítimas.

Corporativismo é um termo que tem duas conotações. A primeira é positiva, refere-se à adoção de valores compartilhados pelos membros da corporação. Isso é essencial para sua sobrevivência, manter o respeito e lealdade entre os membros. Também se refere à luta pelos interesses da própria corporação, o que é necessário para sua sobrevivência, igualmente legítimo. A outra conotação é negativa: o corporativismo é negativo quando os interesses da corporação ferem ou se sobrepõem aos interesses de outros, especialmente ao bem comum. Uma forma de corporativismo é defender erros de colegas só porque são colegas. Esta forma é indefensável. A outra consiste em usar o poder da corporação para extrair benefícios ou privilégios particulares.

O corporativismo é parte da tradição brasileira e sua aliança com o Estado foi fortalecida na ditadura de Getúlio Vargas. De lá para cá, governos e sindicatos vêm aperfeiçoando suas estratégias de tirar o maior proveito possível dessa perversa simbiose: o governo (para cooptar e conseguir adesão) e as corporações (para garantir seus monopólios e suas reservas de mercado).

A exemplo de outros setores, o corporativismo na educação se manifesta de formas muito variadas. Uma delas reside na composição dos vários conselhos e órgãos regulatórios, eleitos sem critérios de experiência e competência específica. O corporativismo também se manifesta de forma perversa, mas sutil, no formalismo que preside a constituição de grupos, conselhos e comitês que desempenham inúmeras funções de aconselhamento e decisão, notadamente no âmbito do governo federal, mas também nos domínios de governos estaduais. No caso da educação, as faculdades de educação e seus professores praticamente povoam e dominam todas as instâncias decisórias do Ministério da Educação, criando um circuito fechado com baixo grau de oxigenação.

Mais recentemente, e não só na área da educação, vêm se desenvolvendo outras formas de deliberação colegiada com a participação de vários segmentos da sociedade. Na aparência, a participação é ampla. Na prática essas instâncias são objeto de forte manipulação na escolha das instituições e das pessoas que delas são chamadas a participar. Os fóruns de educação e movimentos como os que levaram à formulação do Plano Nacional de Educação (PNE) são um exemplo claro de como se opera esse tipo de arquitetura social e a relação simbiótica entre os chamados movimentos sociais, partidos políticos e a ancoragem, especialmente em setores-chave do governo federal.

A União Nacional dos Dirigentes Municipais de Educação (Undime) constitui um caso interessante para análise dos especialistas na questão. Numa área tão conturbada como a educação, num país tão plural e diversificado como o nosso, com partidos políticos e alianças tão precárias, é curioso observar o alto grau de coesão dessa instituição, seja em oposição, seja em apoio aos governos de plantão. Eis alguns exemplos: em 2006, a Undime defendeu o Fundeb em substituição ao Fundef ao passo que a Confederação Nacional dos Municípios (CNM) defendeu três fundos diferenciados para as três etapas da educação básica. Outro exemplo: desde 2010, quando o piso do magistério foi atualizado pela primeira vez, a CNM defende o Índice Nacional de Preços ao Consumidor (INPC) como critério de reajuste. Enquanto isso a Undime defendeu, primeiro, o critério da Lei (variação do valor aluno/ano dos anos iniciais do ensino fundamental urbano do Fundeb nos dois exercícios anteriores) e depois passou a defender o critério intermediário, que é o INPC mais 50% do crescimento nominal da receita do Fundeb nos dois anos anteriores. O ponto importante: que interesses representam os Secretários Municipais, os dos prefeitos que foram eleitos pela população ou outros? Como pode sobreviver uma sociedade sem o respeito à hierarquia, e, no caso, uma hierarquia de pessoas que foram eleitas para exercer a sua função? Não se trata do mérito, se os Secretários têm ou não razão. Trata-se de entender a falta de legitimidade dos governos e o desequilíbrio institucional em que vive o país.

Esses exemplos, longe de serem fatos isolados, revelam que com frequência os secretários de educação se percebem mais como professores ou defensores dos interesses dos professores (ou da categoria dos educadores) do que como representantes do poder público diante do debate das questões da educação. Por outro lado também refletem o divórcio entre educação e política: políticos tratam todos os assuntos da educação como se fossem questões técnicas e se esquecem de que, fundamentalmente, as opções importantes são todas de natureza política. E a educação se torna cativa de interesses particulares.

Já o Conselho dos Secretários Estaduais de Educação (Consed) geralmente tenta manter uma posição um pouco mais equidistante do governo federal, mesmo porque alguns governos estaduais procuram manter sua independência perante o governo federal. Mas na prática a força de cooptação do MEC acaba neutralizando ou atropelando qualquer tentativa divergente desse colegiado e acaba conseguindo a adesão dos estados às suas propostas, eliminando o saudável debate e a variedade de propostas que caracteriza a ideia de um regime federativo.

Plano Nacional de Educação (PNE), um estudo de caso

Na verdade, o PNE foi concebido pelos movimentos corporativistas para conseguir transferir mais recursos da sociedade para si próprios, sem que haja cobrança de mais eficiência na aplicação desses recursos. Esse corporativismo fica claro em várias metas. Por exemplo, uma delas diz que 50% dos professores da educação básica deverão ter pós-graduação, sendo que atualmente 22% dos professores têm apenas o ensino médio, ou seja, somente 78% possuem nível superior.

Outra meta estabelece que o salário dos docentes deverá se aproximar da remuneração média dos profissionais com escolaridade equivalente (nível superior). Isso significaria aumentar o salário médio dos professores de R$ 1.874 para R$ 3.623, ou seja, dobrá-lo. Dado que há 2 milhões de docentes na educação básica no Brasil, isso significaria um custo adicional de cerca de R$ 45 bilhões por ano. Mas, segundo o PNE, haverá recursos disponíveis para isso, uma vez que outra meta estabelece que os gastos totais com educação deverão atingir 10% do PIB em 2020, partindo de 6,4% em 2012. Em valores atuais, isso significaria gastar cerca de R$ 180 bilhões a mais com educação. De onde viriam esses recursos?"

(Naércio Menezes Filho, *Valor Econômico*, São Paulo, 18 jul. 2014)

Os comentários de Naércio Menezes Filho no jornal *Valor Econômico* de 18 de julho de 2014 mostram que o PNE foi criado como se a educação fosse para o professor e não para o aluno. O processo de discussão do PNE ilustra a forma corporativista de formulação e aprovação de políticas que vem predominando no Brasil. Abre-se inicialmente um processo de consulta, que em tese é amplo e, na prática, acaba controlado pelos especialistas em manipulação, hoje devidamente instalados em todos os setores do Estado, com predominância no nível federal. Em vez de se debaterem teses e propostas fundamentadas, constrói-se uma colcha de retalhos em que as reivindicações dos que falam mais alto vão ganhando corpo. É a vontade de cada um predominando sobre o interesse coletivo.

Todo o discurso é montado para favorecer as visões dos grupos particulares e interesses mais ou menos difusos dos educadores, que são interesses legítimos, mas não podem se sobrepor ao interesse maior, que é o interesse do aluno. É importante que os sindicatos existam, sejam fortes e defendam os interesses dos professores, mas a educação precisa ser construída e melhorada em função de quem é mais vulnerável: o aluno e a sociedade que depende da Escola para sobreviver e prosperar. Nem sempre o poder público tem sido capaz de se contrapor à força dessas pressões.

7) As distorções do federalismo brasileiro

Há duas dimensões do federalismo relevantes para a presente discussão: o financiamento e a divisão de responsabilidades. No âmbito da Educação, a Constituição Federal trata das responsabilidades, e o faz usando o ambíguo conceito de "regime de colaboração". Em tese, o ensino superior é predominantemente da esfera da União, o médio é dos estados, o fundamental compartilhado entre estados e municípios e a educação infantil é municipal. A rigor, um nível federativo só pode operar em outro nível se já cumpriu suas obrigações constitucionais. Também se assegura a existência do ensino privado em todos os níveis.

Na prática a teoria é outra. O Quadro 3.3 apresenta a distribuição de matrículas nos diferentes níveis de ensino e instâncias administrativas. A divisão de responsabilidades é mais uma tendência e um desejo do que uma realidade.

Quadro 3.3 – *Matrícula por nível de ensino e rede*

Depen-dência	Matrícula Inicial										
	Ed. Infantil		Ensino Fundamental (Regular)			Ensino Médio	Educação Profissio-nal (Nível Técnico)	EJA (presencial)		EJA (semipresencial)	
	Creche	Pré-Escola	1º ao 5º ano, Anos Iniciais	6º ao 9º ano, Anos Finais	Total			Funda-mental[2]	Médio[2]	Funda-mental[2]	Médio
Estadual	4.874	50.135	2.361.333	6.600.583	8.961.916	7.411.800	335.289	709.733	1.004.605	151.632	211.717
Federal	1.309	1.394	7.012	17.220	24.232	141.842	113.521	884	13.461	14	210
Municipal	1.839.874	3.714.273	11.199.898	5.325.555	16.524.453	62.195	19.332	1.535.948	19.843	34.526	20.211
Privada	1.040.490	1.269.669	2.669.335	1.864.754	4.534.089	1.125.192	685.657	38.360	72.995	8.080	30.225
Total	2.886.547	5.035.471	16.237.578	13.807.112	30.044.690	8.741.029	1.153.799	2.284.925	1.110.904	194.252	262.363

Fonte: MEC/Censo Escolar 2013

Outra distorção estrutural do federalismo brasileiro reside no conceito de "sistemas de ensino". Como entes federados, estados e municípios podem constituir sistemas de ensino, o que significa criar conselhos de educação que regulamentam o funcionamento das escolas sob sua jurisdição. Com isso temos municípios em que o "sistema municipal" se ocupa apenas da rede municipal de ensino, que frequentemente atende a parcelas ínfimas da população.

Quanto ao federalismo fiscal, a divisão de responsabilidades é mais clara, especialmente a partir da criação do Fundef e, posteriormente, do Fundeb. O governo federal é responsável pelo financiamento do ensino superior. Os governos estaduais pelo ensino médio, mas também podem operar no ensino fundamental. Os municípios só podem operar no ensino fundamental e na educação infantil, sendo que não obtêm recursos do Fundeb se operarem escolas de ensino médio. A União tem uma obrigação constitucional de complementar recursos para o Fundeb. O Quadro 3.4 apresenta os dados a respeito do financiamento da educação pelas diferentes instâncias federativas.

Quadro 3.4 – *Investimento público total em educação relação ao PIB (%)*

Ano	Todos os níveis	União	Estados	Municípios
2000	4,7	0,9	2,0	1,8
2001	4,8	0,9	2,0	1,8
2002	4,8	0,9	2,1	1,8
2003	4,6	0,9	1,9	1,8
2004	4,5	0,8	1,8	1,9
2005	4,5	0,8	1,8	1,9
2006	5,0	0,9	2,1	2,0
2007	5,2	1,0	2,1	2,0
2008	5,4	1,0	2,3	2,1
2009	5,7	1,2	2,3	2,2
2010	5,8	1,2	2,3	2,2
2011	6,1	1,3	2,5	2,3
2012	6,4	1,3	2,5	2,6

Fonte: Anuário Básico da Educação brasileira 2014, Todos Pela Educação, p. 128.

O federalismo fiscal cria e reflete diversas desigualdades. Há uma forte desigualdade entre o que a União arrecada e o que gasta em educação em relação aos gastos dos Estados e municípios (25%). Há uma forte desigualdade entre o nível de gastos do ensino superior em relação aos demais níveis (como se pode observar no Quadro 3.4). Essa desigualdade vem decrescendo nos últimos anos, mas ainda é muito acentuada.

O federalismo político cria espaços e áreas de manobra que podem ser explorados pela União e pelos Estados. No caso da União, ela dispõe de recursos próprios que pode alocar de forma discricionária, seja para promover políticas e programas, seja para operar o "balcão". A União sempre exerceu esse papel com exímia competência: com uma fração dos recursos da educação consegue capitanear e induzir Estados e municípios a participar de uma série de programas de sua iniciativa.

As ambiguidades do federalismo político também criam espaço para violações consentidas. O governo federal, por exemplo, opera diretamente junto a estados, municípios ou escolas. Uma iniciativa como o "dinheiro direto na escola", que surgiu na década de 1990 para estimular o fortalecimento das comunidades junto às escolas, permanece até hoje, apesar de não haver nenhuma evidência de sua eficácia e de enfraquecer o poder das redes que gerenciam as escolas.

O Mais Educação talvez seja o caso mais emblemático do 'imbróglio' federativo. Nesse programa, o MEC estimula as escolas a decidirem individualmente se querem expandir o seu horário de atendimento para oferecer atividades consideradas apropriadas por Brasília e, assim, passam a receber recursos. Prevalece o "puxadinho" como estratégia de implementar uma política de tempo integral sem qualquer racionalidade, planejamento e ignorando os custos de se corrigir o que começa de forma desarticulada. O risco maior desse tipo de iniciativa é que o aumento de despesas da escola acaba criando pressão sobre a rede de ensino que não foi consultada, mas que é convocada para pagar o preço de fatos consumados como transporte, merenda, pessoal e outros recursos que a escola se comprometeu a fornecer. A questão relevante: isso se dá independentemente de autorização de sua respectiva secretaria de educação. Por mais meritória que seja a ideia de expandir o tempo integral, essa iniciativa do governo federal corrói o federalismo, mina a autoridade das redes de ensino e inibe qualquer tentativa de planejamento racional.

Outro exemplo: a divulgação dos resultados da Prova Brasil. A rigor, e dada a forma como é elaborada, essa avaliação é instrumento de orientação para as redes de ensino, muito mais do que para as escolas. Mas antes de enviar os dados para as secretarias de educação, o governo federal envia os dados para conferência das escolas, mais uma vez atropelando e ignorando a existência da federação e contribuindo para enfraquecer as já frágeis secretarias de educação.

Outra forma sutil de violação ou enfraquecimento do federalismo se encontra na estratégia usada pelo governo federal para atrair as redes de ensino para optarem por suas iniciativas. Um exemplo é o programa Alfabetização na Idade Certa. Para alavancar apoios, o MEC anunciou diretamente aos professores que eles receberiam bolsas de estudo se o município aderisse ao programa, criando uma pressão irresistível para a adesão. Municípios e estados resistentes a esses tipos de iniciativa deparam com outro tipo de pressão informal e mais sutil: se não aderirem aos programas determinados pelo MEC, não recebem outros recursos. É como a venda casada de produtos que o Conselho Administrativo de Defesa Econômica (CADE) tenta inibir, mas que opera de maneira impune no âmbito da educação.

Além do enfraquecimento da federação, essas atitudes também enfraquecem a escola, na medida em que elas deixam de se centrar em suas funções importantes e permanentes para atender a pressões e diversionismos de toda espécie. A falta de avaliação desses programas e os resultados pouco alvissareiros do sistema educacional sugerem que esse tipo de estratégia certamente não contribui para fazer avançar a educação.

No lado saudável da equação se encontram algumas iniciativas de redistribuição de parte de transferências constitucionais voluntárias entre estados e municípios. O mecanismo, originalmente adotado no estado de Minas Gerais na década de 1990, teve o nome de Lei Robin Hood, ao propor uma redistribuição de parte dos recursos do Fundo de Participação dos Municípios (FPM) de forma inversamente proporcional à renda per capita dos municípios. Diversos Estados adaptaram esse mecanismo para incentivar os municípios a melhorar seu desempenho educacional.

A educação sente os reflexos dessa indefinição de responsabilidades diretamente na gestão. Como é possível gerar eficiência e qualidade educacional em um sistema em que há escolas que operam independentemente num mesmo município, pois são vinculadas a diferentes instâncias governamentais? Cria-se assim uma superposição, uma indefinição de funções que gera até mesmo a dificuldade de responsabilização quando problemas ocorrem. Quando há falta de vaga para alunos no município, por exemplo, a quem recorrer? Não existe a menor clareza sobre isso.

Quando não há definições claras de responsabilidades, a distribuição de recursos também é atingida, potencializando novamente o clientelismo. Os efeitos podem ser perversos no longo prazo e o federalismo na forma atual se torna muito prejudicial à educação. Assim, são nítidas as várias desigualdades regionais, intrarregionais e intersetoriais dentro das políticas de distribuição de recursos na educação.

Enquanto o governo federal sempre foi muito rico e ativo, com uma capacidade ilimitada de gerar impostos, Estados e municípios não têm este poder. Tal descompasso gera distorções: programas são criados e descontinuados. Políticas, bolsas e "puxadinhos" orientam (ou desorientam) as esferas da federação e tornam a educação cada vez mais complicada. Assim, em vez de termos um regime efetivamente federalista, temos um sistema de cooptação com um *big brother*, um irmão mais velho, que é muito mais forte e frequentemente acaba distorcendo as relações entre esses entes.

> "São nítidas as várias desigualdades regionais, intrarregionais e intersetoriais dentro das políticas de distribuição de recursos na educação."

8) Despreparo para lidar com novas clientelas

Diversas mudanças sociais também têm dificultado a adoção de políticas que possam levar à melhoria da qualidade da educação pública brasileira, pois impedem uma atuação mais eficiente e qualificada dos principais atores do sistema de ensino: professores e gestores. Uma delas é o fato de que há hoje em dia muito mais pessoas das classes econômicas mais baixas nas escolas. Os sistemas de ensino e os professores não estavam e nem estão preparados para isso, tanto do ponto de vista dos novos desafios cognitivos quanto comportamentais e de expectativas que elas trazem para as escolas.

As mudanças de clientela se refletem de diversas maneiras e de formas diferentes nos vários níveis de ensino. No plano mais óbvio, elas alteram a quantidade: é muita gente chegando a cada ano. Mais importante, elas mudam a qualidade da demanda: alunos que chegam mais despreparados, sem experiência escolar ou pré-escolar, sem familiaridade com a linguagem e modos de funcionamento da escola.

Mudam também as perspectivas e os valores da sociedade e das famílias em relação à escola, muda a própria constituição das famílias. Embora persista uma percepção e expectativa geral de que a escola fará bem à criança, nem sempre isso é acompanhado de atitudes adequadas em relação aos filhos, professores, deveres escolares e deveres dos próprios pais. Isso aumenta o volume e a heterogeneidade dos problemas e pressões que se exercem sobre a escola.

A crise de autoridade na sociedade e na família chega à escola por todos os lados: a autoridade do diretor é reduzida pela burocracia, pelos mecanismos de sua escolha e pelo questionamento desses mecanismos. Os professores perdem a sua maior fonte de autoridade, que é o domínio do conhecimento, seja por que já não o têm, seja porque a própria autoridade do conhecimento é colocada em questão. Tudo tem que ser conquistado, acertado, negociado. Tudo é horizontal, está no mesmo patamar. A democratização da escola se dá com a perda da verticalidade oriunda da perda de autoridade. A escola democratizada não é uma escola democrática, pois não há escola democrática sem o predomínio da autoridade fundada no conhecimento e no reconhecimento da meritocracia como fruto do esforço.

Nos níveis mais elevados do ensino, especialmente a partir do 6º ano do ensino fundamental, a massificação, associada à precária qualidade do ensino nas séries iniciais, gera uma quantidade enorme de alunos repetentes ou sem condições mínimas de acompanhar uma quantidade enorme de disciplinas, todas obrigatórias, mas que satisfazem os desejos e pressões de corporações que insistem nos seus interesses específicos. Isso contribui para aumentar os problemas de aprendizagem, de disciplina e concorre para a evasão e o abandono escolar.

Tudo isso, por sua vez, criou pressão para a expansão do corpo docente, que passou a ser recrutado dentre os alunos com pior nível de desempenho no ensino médio, e a proliferação de faculdades de educação que não tiveram orientação, tempo e condições de se preparar devidamente para essa nova clientela e para sua missão.

> **Você encorajaria seu filho a tornar-se um professor?**
>
> Uma pesquisa realizada pela Varkey GEMS Foundation, denominada Teacher Status Index 2013, evidenciou a desvalorização da profissão docente no Brasil: menos de 20% dos pais provavelmente incentivariam seus filhos a se tornarem professores, bem diferente da China, cujo índice chega a 50%. O levantamento mostrou também que Brasil, Israel e República Checa são os países em que os professores são menos respeitados e todo o mundo.

9) Dificuldades crescentes na gestão escolar

Em uma sociedade cada vez mais plural, como no Brasil, existem dificuldades crescentes de gerenciamento em geral decorrentes de hábitos históricos de burocracia, controles formais e centralização. Mas no ensino público quem mais sofre com essa situação é o diretor, que não recebe mandato claro, autoridade ou meios para fazer algo efetivo para o ensino. Mesmo porque o ensino tornou-se algo relativamente secundário na instituição escolar.

No meio desse movimento de desconstrução da escola e suspeição de seus instrumentos tradicionais (como o currículo e os livros didáticos, entre tantos outros), o Brasil se utiliza amplamente de três outros mecanismos que corroem a autoridade do diretor. Primeiro, com a expansão acelerada, aumentou a quantidade e intensidade da influência política na escolha de diretores (quase metade dos diretores das escolas é escolhida a partir de indicações em que o critério principal é a lealdade política). Segundo, a eleição para o diretor gera vários inconvenientes conhecidos. Um deles é que o diretor é eleito por instâncias da própria unidade, e não da unidade superior. Outro inconveniente que a eleição tem são os fortes efeitos na criação de divisões internas. Além disso, como quase sempre os mandatos são curtos, aumentam a instabilidade e a descontinuidade.

Surgida a título de aumentar a participação e o controle social, na prática nunca se demonstraram a efetividade dessa participação e sua contribuição para a melhoria dos resultados da escola. Onde esses conselhos funcionam, quase sempre isso ocorre resultado da liderança e ação gerencial do diretor. Mas quando não funcionam, contribuem para diluir o papel do diretor e piorar o que já não era bom. A esse respeito, estudos recentes vêm demonstrando os mitos sobre da importância dos pais na vida da escola e as formas em que isso efetivamente seria positivo (ROBINSON; HARRIS, 2014). Hoje sabemos que as formas pelas quais os pais podem ajudar na vida escolar são bem diferentes das ideias ingênuas surgidas nos anos 1960 e 1970, as quais continuamos a promover sem incorporar as evidências a respeito de sua efetividade.

O Quadro 3.5 apresenta as formas de escolha de diretores nas escolas públicas nos últimos anos.

Quadro 3.5 – *Formas de escolha de diretores no Brasil*

Tipo	Quantidade de diretores							
	Todas as redes		Redes Municipais		Redes Estaduais		Redes Federais	
Seleção	10%	5.479	8%	2.667	14%	2.802	26%	10
Eleição apenas	21%	11.179	18%	5.905	25%	5.253	55%	21
Seleção e eleição	14%	7.402	7%	2.484	24%	4.918	0%	0
Indicação de técnicos	12%	6.414	16%	5.214	6%	1.199	3%	1
Indicação de políticos	22%	12.187	30%	10.217	9%	1.970	0%	0
Outras indicações	13%	7.199	15%	5.200	10%	1.998	3%	1
Outra forma	8%	4.528	6%	1.934	12%	2.589 diretores	13%	5

Fonte: Questionário diretor Prova Brasil 2011/Qedu.org.br

Apenas 10% dos diretores são escolhidos por processos seletivos. Mais de 50% são escolhidos por critérios de indicação. Cerca de 35% são escolhidos por eleição direta ou com seleção prévia. O mais importante: conforme já observado, o questionário, elaborado pelas autoridades do MEC, sequer contempla a hipótese mais usual em todo o mundo – a escolha de diretores por processos de carreira.

A isso tudo se somam duas práticas nocivas de gestão pelo MEC e pelas secretarias. A atuação direta do governo federal junto às escolas, já comentada em outros momentos, constituiu violação do pacto federativo e fator de enfraquecimento das secretarias estaduais e municipais. Ademais, o MEC atua por meio de programas e projetos específicos, sem nenhuma comprovação de eficácia, ou se vale de mecanismos de repasse de recursos, como o "dinheiro direto na escola" que, além de sua transferência imprevista e tempestiva, geram complexos procedimentos de prestação de contas, além de comprometer a responsabilidade da Secretaria de Educação. A fragilidade institucional se revela ainda mais pela total ausência de oposição a essas práticas por parte de órgãos como a Undime e o Consed.

A outra prática nociva refere-se à própria forma como a maioria das secretarias gerencia as escolas. Como já vimos, os resultados muito diferentes das escolas refletem a falta de um modelo de gerenciamento de redes escolares. Na prática, a maioria das secretarias (secretários e técnicos) se comporta como se fossem superdiretores e, por meio de programas, projetos e intervenções diretas, acabam inibindo a ação dos diretores ou distraindo-os do que deveriam ser seus afazeres principais. Atividades como merenda, transporte escolar, prestações de contas e comemorações de todos os tipos acabam ocupando as energias do diretor em tarefas burocráticas, longas e inócuas reuniões e horas e horas de espera em gabinetes.

10) A escola sob suspeita

A partir da segunda metade do século XX, a escola fica sob suspeita. O tiroteio vem de todos os lados. Ao mesmo tempo em que se valoriza, expande e atribui novas funções à escola, ela é solapada em seus fundamentos. Combinações improváveis de versões mais ou menos sofisticadas do marxismo materialista e do idealismo subjacente ao construtivismo filosófico contribuíram para colocar sob suspeita o conhecimento, sua objetividade, a própria validade de ensinar (Paulo Freire expressa sua crítica usando os conceitos de "conteudismo" e "educação bancária") ou a própria possibilidade de ensinar (o aluno como construtor do próprio conhecimento e o professor como mediador).

A autoridade do professor, que em muitos casos tentou se segurar durante algum tempo no autoritarismo, perdeu sua legitimidade tanto pela suspeição do conhecimento disciplinar quanto pela falta de seu domínio pelos professores. A transmissão e a busca do conhecimento deixaram de ser o centro focal da escola: venceram as teses do romantismo do século XIX. O aluno foi colocado no centro e a Escola pós-moderna é para o aluno, não vice-versa. O prazer que seria resultante do processo da busca do conhecimento na proposta original da *scholê* da Grécia antiga, tornou-se um pré-requisito, um início de conversa e um fim em sim mesmo. Tornaram-se comuns palavras de ordem como "Cuidado, escola!" ou "a escola é boa quando o aluno é feliz".

Ao mesmo tempo, as escolas vão sendo requisitadas para substituir tudo que a sociedade deixa de oferecer: segurança, conforto, consolo, assistência da religião e das igrejas e comunidades religiosas, segurança e apoio da família. Mesmo vivendo sob suspeita, passaram a receber demandas de toda natureza: trazer a escola para a comunidade, trazer a comunidade para a escola; promover a educação sexual, ambiental, para o trânsito, a educação do consumidor; absorver ideias mal cozidas de inter/trans e multidisciplinaridade; ensinar as crianças a programar computadores e daí por diante. A Escola perdeu sua razão de ser e perdeu foco. Sobreviver é preciso, navegar não é possível!

A Escola também é criticada pelos próprios pesquisadores e pelas evidências de seu fracasso em promover a equidade. Os estudos sociológicos de James Samuel Coleman na década de 1960 (COLEMAN REPORT, 1964) questionam a capacidade da escola de promover a ascensão social dos mais desfavorecidos. Nada que se faz (segregar, dessegregar, aumentar recursos, mudar métodos) parece ter resultados. Economistas como Pierre Bourdieu e Jean-Claude Passeron (1970) entram em cena mostrando como a escola nada tem de libertadora, mas cumpre seu papel de reproduzir as desigualdades sociais. Filósofos, antropólogos e psicanalistas de diferentes matizes retomam as teses de Norbert Elias e Michel Foucault para situar a instituição escolar como instrumento de dominação, coerção e reprodução social.

A tradição escolar e a tradição pedagógica foram para a berlinda. É essa Escola, assim fragilizada, que será democratizada. Não tem pão nem brioche, as massas que acorrem à escola pela primeira vez recebem migalhas. A escola que se democratiza é outra, em que o conhecimento, o ensino, o esforço e o mérito dão lugar a outros critérios, nos melhores casos difusos, a respeito da sua função ou funções. A escola se tornou disfuncional.

Se antes havia um regimento escolar, com o qual o pai deveria concordar, hoje tudo precisa ser discutido e combinado, precisa-se sempre chegar a muitos consensos que na verdade se tornam concessões. O cidadão passou a ser um portador de direitos, sem dúvida um avanço, mas esses direitos vieram desacompanhados de deveres e responsabilidades. O currículo entrou na mira de fogo quando é considerado conteudista e de fazer parte de uma suposta visão bancária da escola. O diretor não tem legitimidade nem autoridade e o professor, sem apoio na sua autoridade ou na autoridade do diretor, tem medo de fazer algo que desagrade a comunidade. O conceito de Escola se perdeu. Ela foi chamada a ter a cara da comunidade, e não cara de escola. Não se trata de saudosismo, mas de uma necessidade de recentração, de reencontrar-se e promover a tradição que corresponde à vocação da Escola, chamada que é para assegurar as conquistas culturais da espécie e, dessa forma, assegurar sua sobrevivência e sua caminhada.

Em síntese

A Escola foi desconstruída. A Escola está sob suspeita. Falta consenso sobre o papel da Escola e sua função para promover a educação. Que educação? Que cultura?

Ao mesmo tempo em que teve suas bases conceituais e sociais solapadas, a escola brasileira foi se expandindo num ritmo vertiginoso, sem ter o cuidado de estabelecer instituições sólidas para assegurar a sua qualidade, eficiência ou equidade. Poucos são os exemplos de instituições e mecanismos virtuosos, muitos são os vícios da sociedade, da cultura e do próprio setor que comprometem a viabilidade dessem empreendimento.

Perdemos o elo com a tradição, perdemos a cultura da educação, perdemos o conceito de Escola. Assim, estamos chegando a uma situação de paralisia em que falta visão comum sobre o que é e o que deve ser a Escola.

As pressões externas para melhorias são poucas. A maioria da população mais diretamente atingida ainda não percebeu a gravidade da situação. Os empresários não pressionam, apesar de conhecer e arcar diretamente com o custo de uma qualidade baixíssima de ensino: o custo do treinamento, do retrabalho e da dispensa das pessoas que não se adaptam por questões ambientais ou meramente cognitivas. O único grupo mais vocal é o dos sindicatos, mas que estão mais diretamente preocupados com o aumento de seus salários e redução de horas de trabalho. Os "consensos" registrados no Plano Nacional de Educação constituem um retrato vivo de como não conseguimos formular um projeto consistente de reforma educativa e o peso descomunal dos interesses corporativos na elaboração desse consenso.

Não existem condições e estímulos para gerenciar o ensino público com eficiência. Um diretor de escola que luta contra os problemas do sistema acaba se desgastando e dificilmente logra êxito. O gestor é pressionado por diversos lados, por políticos e sindicatos. Sem uma norma social e um conjunto compartilhado de valores, não se consegue avançar de maneira segura.

Grande parte do "custo Brasil" é o custo de uma educação muito abaixo dos níveis necessários para a sociedade do conhecimento. Enquanto o país não se unir e advogar a causa da educação, pela sua qualidade, será muito difícil para um legislador ou governante tomar as medidas drásticas e profundas necessárias para fazer o ensino público melhorar. Combater todas as causas que provocam as deficiências apresentadas é relevante, sem dúvida, mas de nada adiantarão esses esforços se não exigirmos, em um só coro, uma escola democrática de qualidade para todos, não uma escola pretensamente "democratizada", mas seguramente desfigurada.

É possível fazer essa travessia? Como recuperar a tradição da Escola e projetá-la para o futuro?

PARTE II

Componentes de um sistema educativo

> Só há aprendizagem quando os eventos violam nossas expectativas.
> Axioma básico da teoria da aprendizagem

O Brasil precisa enfrentar um duplo desafio. De um lado, repensar a Escola e estabelecer consensos mínimos a respeito de sua natureza e função. De outro, estabelecer os fundamentos, instituições e políticas que nos permitam transformar esse ideal de Escola numa realidade.

Nesta Parte II tratamos desses assuntos. O Capítulo 4 aborda três critérios que podem nos ajudar a estabelecer ideias básicas do que seja uma escola. O Capítulo 5 aplica esses critérios e, com base na experiência internacional e nas evidências sobre o que funciona em educação, apresenta dez fundamentos ou pilares básicos de um sistema educacional. O Capítulo 6, com base nos mesmos critérios e fundamentos, apresenta o elenco das principais políticas substantivas que devem nortear um projeto nacional de educação.

04

CRITÉRIOS PARA REPENSAR A ESCOLA

Repensar a Escola é preciso. Mas para repensar a Escola é preciso antes estabelecer os critérios ou marcos de referência para essa reflexão. Se aceitos os critérios, o diálogo torna-se possível. Sugerimos três: a experiência dos outros países, a análise do que ocorre com os melhores deles – os *benchmarks* – e as evidências científicas sobre o que efetivamente funciona na educação. Trata-se de elementos que podem ser úteis para estabelecer as bases para uma cultura da educação.

Critério 1 – Experiência de outros países: alguns exemplos

Saber aprender da experiência dos outros é um desafio não trivial. Como nos mostra a história das invenções, inovações e transferência de tecnologia, aproveitar pode significar copiar, adaptar, inspirar-se, enfim, há múltiplas formas de se apropriar da experiência dos outros, mas nem todas com o mesmo resultado. Há quem insista em copiar erros, reinventar a pólvora, ou pior, inventar a roda quadrada.

É frequente ouvirmos relatos de visitantes brasileiros que foram conhecer o sistema educacional de outros países ou até mesmo visitar escolas de sucesso no Brasil. As visitas geralmente são curtas e os roteiros cuidadosamente selecionados pelo anfitrião. As conclusões quase sempre precipitadas dos observadores-turistas se concentram em ressaltar o que viram de exótico, original ou diferente, ou em desprezar os feitos dos outros com muxoxos. É aí que mora o perigo: se quisermos aprender da experiência histórica e internacional sobre qualquer coisa, inclusive em educação, devemos identificar não o que é diferente e folclórico, mas o que é semelhante, os padrões, o que é comum, o contexto cultural em que se desenvolveu, os custos e os resultados a que levam.

A educação formal começou há cerca de 3 mil anos, o conceito de escola como instrumento formal de transmissão de conhecimentos se consolida na Grécia há pouco mais de 2.600 anos. Desde então, podemos observar como os diversos povos, nações e países desenvolverem seus sistemas escolares. Na Idade Média predominam os preceptores individuais e, no Ocidente, começam as universidades e a implantação de um vasto mecanismo de formação profissional baseado no modelo das corporações (mestre/aprendiz). Por volta do século XVII, a urbanização e os primórdios da industrialização começaram a exigir contingentes cada vez maiores de pessoas escolarizadas, quando surgiram as redes de ensino religiosas ou civis de ensino público.

É nesse contexto que nasceu a Pedagogia: menos do que uma teoria, trata-se de um conjunto de ordenamentos práticos para viabilizar o ensino coletivo. Nos séculos XVIII e XIX, a escola foi chamada a exercer um papel relevante na consolidação dos Estados nacionais, imprimindo uma língua, conhecimentos e valores comuns, além do currículo de ciências e humanidades. Exceto pela expansão e aumento das séries escolares oferecidas e obrigatórias, esse sistema não experimentou grandes mudanças desde então.

Na primeira metade do século XX, os países industrializados da Europa, os Estados Unidos e alguns poucos países asiáticos haviam universalizado o ensino fundamental e iniciado a expansão do ensino secundário. O ensino superior sempre existiu de forma extremamente limitada até a segunda metade do século XX, quando começou a experimentar crescimento mais significativo especialmente nos Estados Unidos, onde cerca de 50% da população jovem já tem acesso a esse nível de ensino. A partir da década de 1950 começaram a explodir inquietações sobre a eficácia do modelo escolar. A pedra de toque foi o incômodo dos Estados Unidos com o lançamento do satélite Sputnik pela União Soviética, logo acompanhada pelas promessas miraculosas das novas tecnologias.

Os cursos por correspondência foram os primeiros a se valer das novas tecnologias e foram viabilizados pela instituição formal de serviços de correios no século XIX, além de terem sido impulsionados pela invenção do rádio no início do século XX. Mas foi a televisão que deu novo impulso à busca de soluções miraculosas para atingir as massas, reduzir custos e melhorar a qualidade da educação. A cada nova tecnologia, esses mitos retornam à agenda. Desde então a educação nos diversos países passou a conviver com a ideia de inovação, mudança e reforma.

Os caminhos percorridos pelos diversos países nas suas reformas educativas são muito diferentes, costumam depender muito do ponto de partida e das razões que levam os vários países a empreender reformas. Para começar, vale um alerta retirado do relatório da empresa de consultoria McKinsey (MOURSHED et al., 2010): de mais de 60 reformas nacionais estudadas, pouco mais de uma dezena pode se considerar exitosa. Reformar, mudar, inovar ou introduzir novas tecnologias não é (e nunca foi) sinônimo de melhorar. Continua válido o ditado francês: *et plus ça change, et plus c'est la même chose* (quanto mais muda, mais fica igual).

Na maioria dos países da Europa, as mudanças se deram na forma de um processo evolutivo, sem grandes sobressaltos, e, sobretudo, na universalização progressiva do ensino ou em sua decorrência. Somente por volta de 1960, os países europeus consolidaram a inclusão de toda a população no ensino fundamental e começaram a universalizar o seu sistema de ensino médio, sempre diversificado e com forte peso da educação profissional. No início dos anos 1960, novos modelos de escola começam a surgir como alternativas e contestação ao modelo escolar. A Summerhill, de Alexander Sutherland Neill, foi o caso mais divulgado na época, embora tenha sido fundada anteriormente, em 1920, na Inglaterra. Os países tiveram de lidar com problemas até então desconhecidos de retorno de expatriados das ex-colônias, violência, racismo, queda do nível de qualidade dos professores, desafio à autoridade, drogas e evasão escolar.

Todos os países da Organização para a Cooperação e Desenvolvimento Econômico (OCDE) sofreram, em maior ou menor grau, a pressão e as dificuldades para universalizar o ensino médio e ampliar o ensino superior, no meio a uma revisão dos valores gerais da sociedade, especialmente em relação à cultura e à escola. Muitos países também tiveram que se acomodar a significativas pressões migratórias decorrentes do fim da Guerra Fria ou, no caso dos Estados Unidos, a questões relacionadas com a inclusão de outros segmentos da sociedade, como orientais, negros ou latinos.

Na maioria dos países, o magistério perdeu muito de seus atrativos e *status*. Em todos os países a educação, os currículos e os métodos de ensino foram invadidos por reformas gerenciais e pedagógicas de inúmeros tipos, que vão de questões associadas à centralização/autonomia/supervisão à questão de conteúdos, autoridade, poder, disciplina e rigor. O mundo todo se tornou pós-moderno.

Face a esses desafios, os países europeus e asiáticos reagiram de forma diferente, em ritmos diferentes, mas com traços comuns: capitaneados pelo foro permanente de discussão e disseminação de informações sob liderança da Organização para a Cooperação e Desenvolvimento Econômico (OCDE), também conhecida como o clube dos países ricos. A consolidação da Comunidade Europeia também ensejou a comparação dos sistemas educativos e o emprego de medidas de estímulo e assistência técnica para os países retardatários. Praticamente são desconhecidas mudanças em número ou nome das séries e ciclos dos sistemas escolares, esporte preferido de governantes no Brasil. Em vários países houve reformas nos currículos. Num primeiro momento, a mudança consistiu em diluir conteúdos e a busca de soluções miraculosas do tipo "um computador por aluno": tratava-se de "democratizar a escola", ajustá-la aos alunos. Não chegou a haver um rompimento com a tradição, mas a cultura da educação e a ideia de Escola sofreram grandes abalos.

O equívoco da diluição dos currículos foi logo corrigido, a partir dos resultados do Programa Internacional de Avaliação de Estudantes (Pisa), que ao final do século XX começou a orientar na direção de currículos mais enxutos, rigorosos e ainda incorporou novas dimensões não cognitivas aos conteúdos curriculares: aprender a usar o conhecimento tornou-se objeto do currículo. Além disso, vários países também tentaram alterar seus mecanismos de formação dos professores, sempre na tentativa de ajustá-los às novas realidades e desafios da escola, diante da competição do mercado de trabalho por pessoas bem qualificadas.

A avaliação do desempenho dos alunos, e depois dos professores, começou a ser introduzida muito lentamente a partir dos anos 1970, mas tomou vulto no início da década de 1990. Com a aceleração da globalização, a introdução de novas técnicas de produção industrial e de tratamento de informação, os países começam a comparar seus sistemas com base em referenciais objetivos e passam a promover ajustes pontuais. Como resultado, países retardatários como Portugal, Espanha, Chipre e Grécia experimentaram notáveis avanços no desempenho de seus alunos.

Também nesse período, a educação profissional continuou a desempenhar papel importante, especialmente no ensino médio, cuja característica marcante continua sendo a da diversificação de opções e currículos. Foram introduzidas algumas inovações institucionais e curriculares e uma articulação mais explícita com o ensino superior técnico, por meio dos cursos tecnológicos e pós-médios. O Protocolo de Bologna, documento assinado pelos ministros da Educação dos países membros da Comunidade Europeia em 1999, e que orienta a reforma do ensino superior no bloco, vem desafiando e provocando importantes mudanças, com avanços, ajustes e retrocessos. Na maioria dos países, as tentativas e fracassos com a adoção de tecnologias educacionais experimentou trajetórias bastante semelhantes.

A reforma da educação no Japão é um caso à parte. Houve uma primeira importante no final do século XIX (no contexto da revolução Meiji, com o fim do governo teocrático e a transformação do Japão na primeira nação asiática no modelo de Estado-nação) e outra com a intervenção norte-americana liderada pelo general Douglas MacArthur ao final da Segunda Guerra Mundial, que praticamente impôs ao país o sistema norte-americano de escolas. O Japão resistiu, engoliu, aos poucos fez os ajustes devidos e a partir dos anos 1980 inaugurou um primoroso sistema de educação infantil.

A Coreia do Sul é outro exemplo impressionante de um país que iniciou sua reforma educativa na década de 1950 e não parou de aprimorar e rever suas estratégias em função de resultados e de novos desafios. Há pelo menos três características interessantes a observar, conforme sugerido no documento do evento "Educação no século 21: modelos de sucesso", um ciclo de seminários internacionais realizado pela Comissão de Educação e Cultura da Câmara dos Deputados em 2007. Primeiro, a Coreia do Sul nunca inventou nada, sempre copiou e adaptou partindo do que considerou como os melhores exemplos. Segundo, tudo foi planejado e executado de maneira ordenada, uma coisa depois da outra, começando de baixo para cima, como sugere a prudência. O grande número de alunos (disciplinados) por classe gerou recursos para atrair e manter professores de alta qualidade. Terceiro, a Coreia do Sul nunca abandonou certas práticas culturais, consideradas indesejadas por muitos, como o excesso de exigências feitas aos alunos e o sistema de escolas particulares pagas, os chamados *hagwoons*. Entretanto, diversos estudos apontam os estudantes coreanos como os jovens com menor taxa de felicidade (KOO, 2014), o que pode representar um custo muito elevado.

Cingapura é um caso interessante pela rapidez com que realizou sua reforma: em 30 anos, partiu do nada para o topo da escala. Comissões formadas por pessoas competentes percorreram os países onde valia a pena aprender algo sobre educação, analisaram o que melhor funcionava, decidiram pelo que fazer, contrataram assistência técnica competente e de longo prazo. Implementaram, de forma consistente e progressiva, seu projeto de educação. Não há campanhas, programas emergenciais ou "puxadinhos".

Além de consistência nas escolhas e prudência na implementação, três aspectos merecem destaque no ensino de Cingapura: (1) um currículo enxuto, rigoroso e detalhado para as séries iniciais, sendo mais enxuto ainda para alunos com dificuldades especiais, de forma a não deixar ninguém de fora. Diferenças regionais tão marcantes quanto a diversidade cultural e a coexistência de três línguas (chinês, malaio e inglês) nunca foram invocadas para justificar baixo desempenho; (2) um primoroso sistema de escolas técnicas de nível médio; (3) um planejamento rigoroso focado em assegurar professores bem preparados para as escolas e as equipes especializadas para fazer pesquisas pedagógicas relevantes.

Recentemente, o caso mais celebrado é o da Finlândia, devido ao desempenho de seus alunos no Pisa. Sua primeira e mais radical reforma se deu na década de 1980: de país fornecedor de mão de obra barata para os países nórdicos, a Finlândia transformou-se em importante exportador de produtos e serviços de qualidade, surgindo como estrela no setor da educação. Tudo o que fez foi implementar o trivial variado. Na virada do século, já noutro patamar, conseguiu tornar as escolas em ambientes agradáveis e atraentes à carreira de magistério. No ensino médio, a Finlândia vem tentando aplicar o conceito de *smorgasboard*, seu variado café da manhã: o aluno pode montar livremente seu plano de estudos a partir de um cardápio de 75 disciplinas. O esquema contribuiu para reduzir a evasão, mas ainda não se sabe de seus resultados.

Cuba nunca fez uma reforma profunda na educação. Nos países totalitários, os intelectuais que não conseguem fugir costumam se refugiar na Educação e nas Artes. Em Cuba não foi diferente, o que permitiu atrair e manter no magistério pessoas que, numa democracia, iriam trabalhar em outras áreas mais bem remuneradas. A decisão acertada foi a de fazer o trivial variado nas escolas, conforme documentado competentemente por Martin Carnoy, na obra *A vantagem acadêmica de Cuba – por que seus alunos vão melhor na escola.* Quando se fala em sucesso da educação em Cuba, se fala em sucesso acadêmico dos alunos, não na formação de cidadãos autônomos, conscientes ou com elevado grau de espírito crítico. Um exemplo pitoresco: longe de aderir aos modismos, a alfabetização das crianças em Cuba sempre seguiu os métodos que funcionam. A primeira lição de sua cartilha vigente, pelo menos até por volta do ano 2000, apresentava de uma só vez todas as vogais: *La Revolución*. Outro fator primordial é a atenção à primeira infância, especialmente na área de saúde. De acordo com a Organização Mundial da Saúde (OMS), o sistema de saúde de Cuba serve de exemplo para todos os países do mundo.

O caso do Chile também tem contornos interessantes, por ser o único país da América Latina que vem melhorando consistentemente seus resultados e conseguido manter uma certa continuidade nas políticas e decisões, apesar das orientações ideológicas dos diferentes governos e as vigorosas, por vezes violentas, manifestações de protesto. Tudo começou na década de 1980, com a introdução da avaliação externa associada a incentivos, dentro do mais rigoroso espírito neoliberal dos economistas recrutados pelos militares no poder. O esquema nunca foi destruído pelos governos subsequentes e foi aprimorado em alguns aspectos importantes. Um deles é a tentativa de criar competição entre as escolas por meio de mecanismos diversificados de financiamento, os *vouchers*. Os resultados são mistos, sobretudo, do ponto de vista da eficácia, mas, no todo, as várias opções contribuíram para melhorar o desempenho dos alunos, não necessariamente a equidade.

Vouchers

Vouchers ou vale-escola é o nome de políticas educacionais que estimulam as famílias a escolherem a escola dos filhos. O governo dá o *voucher* e a família escolhe onde seu filho vai estudar. O sistema foi preconizado pelo economista Milton Friedman, da Universidade de Chicago, como estratégia para estimular a competição e aumentar a qualidade das escolas, sendo implementado em grande escala no Chile. O programa vem sendo avaliado há anos e os resultados são modestos. Os ganhos das escolas subsidiadas são modestos ou inexistentes, exceto no caso de instituições confessionais e sem fins lucrativos que operam com grupos de escolas. Não há evidências de que as escolas públicas não subsidiadas tiveram melhorias em decorrência da competição. Diane Ravitch apresenta sólidos argumentos contra os sistemas de *vouchers*, tal como implementados nos Estados Unidos, mantendo constantes debates sobre o tema em seu *blog*: <http://dianeravitch.net/>.

Outro avanço do ensino no Chile reside na política de incentivos financeiros para atrair para o magistério alunos com melhor qualificação. No país, todo ensino superior é pago, mas para os candidatos ao magistério foi criado um incentivo, desde que atinjam um nível adequado nas provas de ingresso. Um terceiro aspecto é a existência de um saudável, continuado e quase sempre bem calibrado e civilizado debate público sobre educação, com farto uso de dados empíricos e evidências.

Erros, alguns comuns, foram cometidos por vários países, como a introdução de propostas e ideias como os da "matemática moderna", um computador por aluno, aventuras mal-sucedidas no ensino da alfabetização e ensino da língua (construtivismo/*whole language*), a substituição da calculadora pelo ensino da tabuada nas séries iniciais ou o abandono do ensino da gramática, da sintaxe e da caligrafia. Um dos maiores erros de vários países consistiu em diluir o currículo e reduzir o tempo de ensino dedicado às matérias centrais, como linguagem, matemática e ciências, trocando-as por atividades voltadas para "cativar" os alunos. Outro erro de alguns países europeus foi o de reduzir a importância do ensino de humanidades. A maioria dos países que entrou nesses desvãos já corrigiu os rumos ou está procurando meios de correr atrás do prejuízo. Vale a pena conferir. Mas para enxergar é preciso olhar por baixo das aparências e eventuais modismos: o resultado de hoje é fruto do que foi plantado no passado, não necessariamente de reformas ou ajustes em curso.

Critério 2 – Parâmetros, ou *benchmarks*, para definir o êxito

O Pisa vem servindo como um bom exemplo para identificar os *benchmarks*, ou casos de sucesso lastreados em evidências. Não importa o que os países fazem, a avaliação internacional mostra o que os alunos aprenderam, usando uma métrica comum. Essencialmente, o Pisa vem mostrando que:

I) A maioria dos países desenvolvidos e alguns emergentes (a maioria deles membros da OCDE) situam-se em torno da média (500 pontos), com pequenas variações.

II) Poucos países que se situam nesse nível conseguem avanços formidáveis entre os triênios em que a prova é aplicada, ou seja, não é fácil melhorar muito, rapidamente e de forma sustentada. É tão mais difícil melhorar quanto mais alto se esteja na escala de desempenho.

III) Flutuações de 10 a 20 pontos são esperadas estatisticamente, e elas acontecem com frequência. Mas nos países em que elas ocorrem para baixo, muitos governos acendem a luz vermelha. Na Alemanha, por exemplo, um ministro da Educação foi demitido.

IV) Os sistemas de ensino que conseguem se destacar com avanços relativamente rápidos são países ou regiões muito pequenas e/ou que gozam de alto grau de uniformidade e/ou governos fortes.

V) Uma reforma leva tempo para dar resultados. O que ocorre hoje nos resultados no Pisa de um país é resultado de reformas implementadas há 10 anos ou mais.

VI) Não há qualquer relação entre PIB, nível de gastos com educação, salários de professores e desempenho escolar.

VII) Em qualquer país da OCDE, a dispersão das notas dos alunos entre diferentes escolas é sempre menor do que a dispersão das notas entre escolas. Ou seja: em qualquer escola desses países há um padrão mínimo ou básico de qualidade que permite a bons alunos atingirem o seu potencial máximo. Nos bons sistemas de ensino há desafios a serem superados pelos melhores alunos e apoio para os que lutam com dificuldade.

A empresa de consultoria McKinsey também realizou estudos interessantes sobre *benchmarks* adotando uma abordagem qualitativa, menos rigorosa, porém rica em detalhes e nuanças. Seus estudos já mencionados indicam, por exemplo, que a maioria das tentativas de reforma (mudanças significativas) não gera resultados positivos. São poucos os casos de sucesso: menos de um em cada cinco tentativas. Agora vem a informação relevante: os casos de sucesso são aqueles em que a reforma usa instrumentos adequados para o nível de desenvolvimento do sistema escolar. A reforma que um país fez no passado para chegar onde está pode ser mais útil para um país que está querendo melhorar sua educação do que copiar as reformas que este país mais avançado está fazendo agora, depois de já ter atingido um patamar superior. A mensagem é simples: chantilly funciona quando já estamos discutindo sobre os detalhes da sobremesa, mas onde falta feijão, chantilly é uma péssima ideia para começar.

"Casos de sucesso são aqueles em que a reforma usa instrumentos adequados para o nível de desenvolvimento do sistema escolar."

84 Repensando a Educação Brasileira • Oliveira

Quadro 4.1 – *Há um conjunto de intervenções associado a cada etapa do processo de reforma educativa, mas há seis intervenções que são comuns em todas as jornadas*

Etapa da reforma	Ruim a razoável	Razoável a bom	Bom a ótimo	Ótimo a excelente
Tema	Adquirindo as noções básicas de linguagem e matemática	Definindo as bases do sistema	Moldando o profissional	Melhorias por meio de pares e inovações

Conjunto de intervenções	* **Motivar e apoiar professores com baixa qualificação**
	  – Materiais de ensino estruturado
	  – Treinamento para implementar o currículo
	  – Foco no tempo de instrução na tarefa
	  – Supervisão centralizada
	  – Incentivos ao bom desempenho
	
	Nivelar as escolas a um patamar mínimo de qualidade
	  – Metas
	  – Suporte adicional para escolas de baixo desempenho
	  – Melhoria na infraestrutura escolar
	  – Fornecimento de livros didáticos
	
	* *Colocar os alunos nos assentos*
	  – Expandir os assentos escolares
	  – Suprir as necessidades básicas dos estudantes para aumentar a frequência.
		* **Base de dados e de prestação de contas**
		  – Publicação de dados do desempenho escolar
		  – Inspeções escolares e institucionais
		
		* *Base financeira e organizacional*
		  – Otimização do uso de espaços e do pessoal
		  – Autonomia administrativa e financeira
		  – Aumento de recursos
		  – Critérios para alocação de recursos
		  – Reestruturação das Secretarias
		
		* *Base pedagógica*
		  – Revisão dos modelos/diversificação curricular
		  – Decisões sobre a língua usada nas escolas
			* **Elevando o nível de professores e diretores ingressantes**
			  – Programas de recrutamento
			  – Formação de professores
			  – Certificação
			
			Elevando o nível de professores e diretores já existentes
			  – Treinamento em serviço
			  – Coaching
			  – Planos de carreira
			  – Fóruns de professores
			
			* *Tomada de decisão baseada na escola*
			  – Autoavaliação
			  – Escolas independentes e especializadas
				* **Incentivo à aprendizagem de professores e diretores por meio de parcerias**
				  – Prática colaborativa
				  – Autonomia pedagógica para escolas e professores
				  – Programa de rodízio para professores
				
				* *Criação de mecanismos de apoio adicionais para profissionais*
				  – Liberar profissionais de encargos administrativos
				
				* *Incentivo à inovação*
				  – Verbas para inovação
				  – Compartilhamento das inovações

Aspectos comuns a todas as etapas	[1] Revisão de currículo e padrões; [2] Revisão da estrutura de remuneração e bonificação; [3] Desenvolvimento das competências técnicas de professores e diretores; [4] Avaliação do aprendizado do aluno; [5] Utilização de resultados dos alunos para orientar intervenções, e [6] Elaboração de políticas e leis educacionais.			

Outro exemplo interessante é o estudo "Professores Excelentes – Como melhorar a aprendizagem dos estudantes na América Latina e no Caribe", de Barbara Bruns e Javier Luque (2014), do Banco Mundial, a respeito da situação de professores na América Latina. O estudo contém uma riqueza inestimável de dados empíricos. Por exemplo, o salário/hora da média dos professores no Brasil é 15% inferior à média de profissionais com nível similar de qualificação. Ou seja: se o problema fosse corrigido só com salários a solução seria fácil. Outro dado importante, e que corrobora os estudos da McKinsey: o Brasil é campeão mundial em gastos com capacitação de professores, mas a evidência mostra que capacitar professores com formação inadequada é péssimo investimento. Outro achado importante: em nenhum país do mundo (fora do Brasil) os diretores de escola são escolhidos pelas pessoas da própria escola e, nos países com melhor desempenho educacional, diretores de escola são cuidadosamente escolhidos e preparados por meio de sistemas de seleção e/ou carreiras. O conhecimento dos *benchmarks* ajuda a refletir sobre a própria situação.

É interessante ressaltar como a imprensa brasileira divulgou o estudo acima. O único tópico comentado foi o fato de professores no Brasil desperdiçarem 40% do tempo escolar em tarefas não relevantes. Isso é grave, mas não é novidade. O "brasileiro cordial" gosta de sangue, espetáculo, desgraça e pirotecnia. A imprensa não é culpada, apenas mostra o que o público que ouvir. Isso sempre acontece quando se divulgam os resultados do Pisa e da Prova Brasil: procuram-se vilões e heróis, não o cidadão honesto que faz o seu dever. Mas convenhamos, será que não há uma parcela do público interessada em algo mais do que isso? Não chega de pão e circo? O problema com esse tipo de foco é que ao nos concentrarmos no sensacionalismo perdemos a oportunidade de discutir seriamente os assuntos da educação. Quem quiser saber sobre professores e diretores deve analisar o trabalho de Bruns e Luque, assim como as referências que o embasam. São *benchmarks* que merecem ser conhecidos e usados para informar políticas eficazes.

Um interessante contraponto a essa tendência sensacionalista veiculada pela imprensa começa a emergir de estudos como os de Soares e Alves (2013), que identificaram 704 escolas, situadas em 510 municípios, sendo 194 delas estaduais, que fazem seus alunos obterem resultados acima da média. Em vez de procurar identificar as escolas com melhores notas, esses estudos procuram determinar quais escolas ensinam além do que seria de se esperar, dado o nível socioeconômico dos alunos. Ou seja: quais escolas fazem diferença na vida dos alunos, especialmente na vida do aluno da escola pública, que depende dela para mudar a trajetória de sua vida. Nesse tipo de estudo, bem como em estudos como os da Fundação Lemann sobre características de redes de ensino eficazes (2014), podemos identificar parâmetros interessantes para avaliar, incentivar e intervir em escolas e redes de ensino. Pobreza não é uma fatalidade e há um espaço considerável para as escolas ajudarem as pessoas a superar sua condição de pobreza.

Há muito o que aprender da experiência de outros países com base em indicadores objetivos. Há muito que as metodologias de pesquisa e avaliação, se bem usadas, podem contribuir para refletirmos a partir de nossa própria experiência. Os exemplos acima reforçam três lições importantes. Primeiro, o sucesso de uma reforma educativa depende muito mais de implementar o que funciona do que em reinventar a roda. Segundo, a ordem e a forma de implementação de uma reforma mais radical podem ser importantes para torná-la viável, mas não há como escapar de se fazer o trivial variado. Terceiro, ninguém conseguiu até hoje mudar a educação com base em programas efêmeros e mal concebidos, disparando balas de prata ou sem desenvolver mecanismos robustos para atrair e manter bons professores e diretores de escola.

Outra forma de usar a experiência alheia é utilizar as conclusões dos estudos rigorosos sobre o que efetivamente funciona em diferentes lugares e tempos. Esta sempre foi a função da pesquisa aplicada, mas recentemente há técnicas estatísticas mais robustas, desenhos experimentais e métodos de análise que vêm permitindo separar o joio do trigo e apontar o que efetivamente funciona na sala de aula, na escola e nos sistemas educacionais, que é o próximo critério que veremos.

Critério 3 – Educação baseada em evidências

Além da pesquisa comparativa e da análise das melhores práticas, decisões educacionais podem se beneficiar de conhecimentos científicos muito mais robustos do que os disponíveis no passado. A expressão *educação baseada em evidências* refere-se a um conjunto de práticas que proporcionam conhecimentos científicos sólidos a respeito de um conceito, programa, intervenção ou método. Hoje, as decisões de um governo, de uma escola ou de um professor podem, e devem, ser tomadas a partir de critérios muito mais robustos, sólidos e defensáveis do ponto de vista científico. Ou seja: podem ser tomadas de forma profissional, não apenas com base na experiência, costume, conveniências, aspectos formais, preferências pessoais ou "achismo".

A expressão *educação baseada em evidências* se inspirou no conceito de prática baseada em evidência, desenvolvido originalmente na prática médica. Sackett et al. (1996) a definem como "o uso conscencioso, explícito e judicioso da melhor evidência existente para fazer decisões sobre o cuidado de um paciente em particular". Isso implica integrar a competência clínica do profissional com a evidência clínica existente e apoiada em pesquisa sistemática baseada em metodologias robustas. Esse conceito, que sempre foi utilizado para a aprovação de remédios para consumo do público, foi posteriormente expandido para outras práticas médicas, inclusive cirúrgicas e de saúde preventiva.

Nos últimos 20 anos, com o desenvolvimento de novos instrumentos e metodologias de pesquisa, bem como as contribuições das neurociências para o conhecimento sobre o funcionamento do cérebro, o termo educação baseada em evidências passou a se referir ao uso de resultados de experimentos randômicos e outros estudos científicos rigorosos como critério para orientar políticas e práticas da educação (SLAVIN; FASHOLA, 1998).

Existe uma hierarquia de evidências. As mais robustas são obtidas por meio de experimentos em que os indivíduos a serem comparados são escolhidos por meio de processos randômicos, ou seja, são designados aleatoriamente para os diferentes grupos. O uso adequado dessas técnicas permite estabelecer relações de causalidade, não apenas correlações. Dado o rigor dessa metodologia, basta um estudo bem feito para se demonstrar um determinado efeito. Mas é preciso cautela: um estudo sobre o impacto dos pais no desenvolvimento da linguagem dos filhos pode indicar que o programa levou os pais a concluírem um curso que haviam abandonado. É muito bom que pais concluam um curso, mas isso pode não ter impacto na linguagem das crianças: resultados intermediários não asseguram a obtenção dos resultados desejados. Há conclusões e conclusões, impactos e impactos.

O segundo nível é constituído por estudos agrupados e reanalisados por meio de técnicas estatísticas denominadas de meta-análise. Essas técnicas permitem padronizar os efeitos medidos em diferentes estudos e, dessa forma, tornar os resultados comparáveis. A medida-padrão que permite comparar diferentes estudos se chama "tamanho do efeito": quanto maior esse tamanho, mais robusta é a evidência. Alguns autores, como Hattie e Yates

(2014) propõem metodologias e critérios objetivos para analisar se o efeito de uma intervenção é efetivamente robusto e como se compara a alternativas convencionais ou a não fazer nada.

Um terceiro nível é constituído pela "evidência concorrente". Mesmo um estudo rigoroso pode não alcançar as várias dimensões de um fenômeno. A evidência concorrente refere-se não apenas à quantidade de estudos utilizados para argumentar, mas à variedade de perspectivas, situações, países ou metodologias utilizadas. Em muitos aspectos da aprendizagem, por exemplo, hoje é possível estabelecer correlatos cerebrais de intervenções como alfabetização ou aprendizagem de conceitos e, dessa forma, melhor calibrar a qualidade de uma afirmação ou conclusão.

Dado o estado atual da pesquisa educacional, a maioria das decisões relevantes sobre educação tomadas por governos, sistemas escolares ou professores pode e deve se basear na revisão sistemática da evidência, sob pena de se cometerem graves erros e se perderam oportunidades relevantes de obter melhorias importantes na educação. Não se justifica mais o "achismo", o empirismo e muito menos decisões tomadas com base em estudos de caso, pesquisas qualitativas ou avaliações de programas feitas sem os devidos critérios. Isso vale para governantes e para professores, mas também deve valer para instituições acadêmicas e organizações não governamentais que patrocinam ou desenvolvem intervenções.

A adoção de critérios científicos objetivos e robustos permite escapar de duas armadilhas. De um lado tira o foco da discussão do nível local, ingênuo ou puramente prático. Aplica-se à educação o que disse Keynes: "as pessoas práticas, que acreditam ser livres de qualquer influência intelectual, geralmente são escravos de um economista defunto". A outra armadilha são as teorias não comprovadas que acabam se tornando em ideologias ou artigos de fé. Hoje existem várias instituições e autores que se especializam na coleta e análise críticas das evidências. Alguns países, notadamente os Estados Unidos, vinculam o financiamento a estados e redes de ensino à adoção de programas e práticas baseadas em evidência.

O uso de *benchmarks* e evidências pode ocasionar enormes economias aos governos ao não financiar políticas e práticas ineficientes. Também poderia contribuir para lograr um enorme avanço em educação, especialmente em áreas onde esse conhecimento é bastante robusto, como educação infantil, alfabetização, ensino de matemática, sistema de incentivos, currículos para alunos, currículos para a formação de professores, habilidades docentes, critérios para certificação de professores, avaliação educacional e, especialmente, como norma para o financiamento à pesquisa, inovação e financiamento de projetos e programas. Da mesma forma, existem conhecimentos robustos e abundantes sobre a maioria dos fatores que fazem uma escola e uma sala de aula funcionar.

Em síntese

Muitos países têm conseguido recuperar, manter ou estabelecer vínculos com a tradição da escola e definir ou redefinir a sua função. Todos experimentaram e experimentam crises, mas a maioria dos países industrializados vem conseguindo resultados satisfatórios em alguns indicadores, como, por exemplo, o Pisa.

Juntos, a análise comparativa da experiência de outros países, o uso de *benchmarks* e a adoção de critérios de evidência poderiam se constituir um inestimável conjunto de critérios para avaliar a viabilidade e eficácia potencial de mudanças e reformas em educação.

O que podemos aprender com eles? O que dizem essas evidências? No próximo capítulo examinaremos dez elementos constitutivos básicos que são comuns à maioria dos sistemas educativos nos países onde a educação dá certo.

05

REPENSAR OS FATORES ESTRUTURANTES: OS DEZ PILARES DO EDIFÍCIO EDUCACIONAL

Não se trata de um número mágico nem de opiniões escolhidas ao acaso. São dez ideias que constituem as bases, os fundamentos de qualquer sistema educativo. Elas podem servir para ajudar a melhorar a educação no Brasil, a partir do panorama diagnosticado nos capítulos anteriores e dos três critérios sugeridos. Essas ideias servem para repensar:

1. O papel da escola na educação e na sociedade

2. A Escola para o Século XXI

3. Os currículos

4. As carreiras para o magistério

5. O federalismo

6. Financiamento

7. Avaliação e seus usos

8. Gestão

9. Sistemas de incentivo

10. O ensino face às novas tecnologias

Elas se baseiam na observação e na experiência destilada ao longo da história da educação e da situação contemporânea dos países que têm oferecido escolas de melhor qualidade para suas populações. Nenhuma dessas ideias terá impacto se aplicada isoladamente. Para funcionar são necessárias convergência e sinergia, ou pelo menos um mínimo de consistência entre elas.

1) Repensar o papel da Escola na educação e na sociedade

O mundo mudou. A sociedade mudou. As expectativas e os valores da sociedade em relação à educação também mudaram. O acesso e as formas de acesso aos bens culturais também estão diferentes e, mais que isso, o conceito de cultura é outro. Desapareceram consensos mínimos, qualquer ideia de hierarquização é vista com suspeita. O pensamento e as ideias passaram e ter um valor muito reduzido ao que Vargas Llosa (2103) denominou de "a civilização do espetáculo", a qual empobreceu a *ideia* como força motriz da vida cultural. A educação, responsável pela transmissão da cultura, enfrenta desafios semelhantes pelas mesmas razões e precisa ser repensada.

Que patrimônio a Escola deverá transmitir?

Os modernos conhecimentos científicos sobre o desenvolvimento humano confirmam a concepção de educação forjada na Grécia antiga: o desafio da infância e do processo de amadurecimento passa por conhecer o eu, o próximo e o mundo, e esse conhecimento se dá de forma dialética. O exame crítico da própria consciência só é possível face ao conhecimento e reconhecimento do outro e do mundo. As ciências nos permitem sair do nível ingênuo para o nível crítico e o estudo das humanidades nos propõe valores e critérios para lidar conosco, com o outro e com o mundo.

O desafio para repensar a educação num sistema cultural desprovido de referenciais estáveis e de consensos baseado em valores e critérios compartilhados é insuperável. Resta como alternativa identificar e definir os elementos mais críticos da tradição científica e cultural que ainda podem ser transmitidos pela educação. Depois disso, definir o papel que cabe à Escola, a qual precisa ser redefinida não com o olho no retrovisor de uma ideia esmaecida de Escola, mas levando em consideração a existência de um novo contexto familiar, de novas instituições que podem contribuir para a educação no sentido mais geral e, especialmente, de novas tecnologias que poderão revolucionar a forma de acesso, aquisição, transmissão e transformação do conhecimento.

Essas tensões também existiram e continuam a existir em outros países, mas alguns deles, especialmente os asiáticos, ainda guardam algum vínculo com a sua tradição. Nos países europeus e na América do Norte, depois de algumas décadas de certo "relaxamento", a instrução, o ensino e o cultivo do saber começam a voltar a ocupar um papel central. Começam a diminuir as responsabilidades difusas e a se reduzirem as cobranças exageradas sobre a Escola. Ao mesmo tempo, como numa rendição dos pais e abdicação de seus direitos de educar os filhos, começam a aumentar as demandas para promover a educação infantil, para as quais o modelo escolar é possivelmente inadequado. É nesse terreno de areia movediça que cabe repensar o papel da cultura, da educação e, a partir daí, redefinir o papel que cabe à Escola.

2) Repensar a Escola para o século XXI

Como instituição cultural a Escola sempre serviu de instrumento de preservação da espécie. O *Homo sapiens* possui uma capacidade de adaptação e transformação do ambiente, mas isso depende do exercício da razão, balizada por critérios éticos: nem tudo que pode ser feito deve ser feito. É na Escola que se cultiva e atualiza a experiência da humanidade. Antes de servir apenas ao indivíduo, a Escola é um artefato cultural necessário para a preservação da espécie. Na sociedade atual, em que o conhecimento constitui o maior capital de qualquer nação, a contribuição de cada indivíduo é essencial para assegurar as condições de sobrevivência, desenvolvimento e prosperidade do corpo social. Esse poderia ser um ponto de partida.

Os ideais gregos da Escola perderam sua força e vitalidade, mas poderiam ser atualizados. *Scholê*, *technê* e o desenvolvimento físico continuam sendo os fundamentos conhecidos para qualquer projeto de educação escolar. O ideal de prazer intelectual como resultado do esforço (e não como condição de existência) precisa ser resgatado pelo menos em parte. Foi no contexto da *scholê* que surgiram os três grandes métodos da educação: o método dedutivo, indutivo e o socrático, todos eles fortemente dependentes de um mestre cuja autoridade deriva do seu saber. Numa de suas notas sobre a crise da educação, Hanna Arendt observa o risco "da ideia de que há uma pedagogia ou ciência do ensino em geral com a independência para que a atividade de ensino possa se desligar completamente da matéria a ensinar" (ARENDT, 1954). Não dá para reconstruir um sistema escolar sem recompor a centralidade do ensino, das disciplinas e, pelo domínio delas, da autoridade do professor.

A tarefa de repensar o papel social da instituição escolar numa sociedade que perdeu seus referentes e consensos não é fácil nesses novos tempos, mas é essencial. Algumas sugestões para esta hercúlea tarefa:

I) Recentrar a Escola em torno do conhecimento e dos instrumentos de acesso, organização, análise e crítica do próprio conhecimento: ensinar a pensar e não ensinar o que pensar com base em dogmatismos, ideologias ou censuras de qualquer espécie. A função da escola é recolocar a ideia e a razão como as forças motoras da vida cultural.

II) Recentrar o conhecimento em torno do conceito, do rigor e das exigências das disciplinas científicas traduzidas na forma de matérias escolares, restabelecendo critérios de busca, análise e comprovação da verdade. A forma como o cérebro humano lida com as informações depende da forma como ele as capta e as organiza, e isso depende da forma como elas lhe são apresentadas. Ainda não se descobriu um substituto para horas de prática para se adquirir proficiência em habilidades físicas ou intelectuais, o que requer o exercício disciplinado do estudo e da prática. A neurociência reforça o valor da palavra "disciplina" e lhe agrega novas dimensões.

III) Na medida do possível, restabelecer o lugar para o exame crítico da literatura e da cultura humanística, com vistas a inspirar nos alunos a importância do autoexame e da identificação do que nos une como seres humanos e dos riscos da intolerância, da discriminação, do presentismo na análise cultural, do politicamente correto como desculpa para não enfrentar temas controvertidos.

IV) Superar a dicotomia entre o local e o universal, assumindo com clareza a função da Escola em promover o diálogo entre esses dois polos da realidade. O local pode até ser o ponto de partida, mas a Escola só cumpre sua função se permitir ao aluno compreender sua circunstância face ao que há de universal e comum entre os seres humanos.

V) Respeitar o processo de desenvolvimento dos alunos, especialmente crianças e jovens, estimulando-os e desafiando-os de maneira respeitosa e na medida adequada às suas capacidades, promovendo espaço para escolhas ao longo da trajetória escolar. Dada a escassez de tempo e recursos, é muito mais importante o aluno exercitar opções do que encher o tempo com disciplinas de cunho "regional".

VI) Incorporar, de maneira adequada, as oportunidades para educação fora da escola e a contribuição das novas tecnologias, inaugurando novas formas de ensino, aprendizagem e relação entre professores a alunos.

3) Repensar os currículos

O ponto de partida repousa na visão sobre o papel da Escola e sua relação com a educação e a sociedade. Há uma experiência histórica milenar desde a Grécia Antiga indicando o que a Escola poderia fazer de melhor: transmitir o conhecimento e ajudar o indivíduo a articular o particular com o geral. Daí a primazia da indução e da dedução como processos privilegiados de ensinar e aprender. Essa mesma experiência revela que a Escola vem experimentando dificuldades crescentes para lidar com outras questões, especialmente as que envolvem valores e comportamentos numa sociedade em que os parâmetros são cada vez mais plurais, o que gera limitações no emprego de modelos de mestre-aprendiz como fonte de educação num sentido mais amplo: ensinar valores sem consenso sobre princípios absolutos é uma missão impossível.

Numa sociedade plural e diversificada, torna-se impossível assegurar consistência de valores e comportamentos no corpo docente e, muito mais, querer "educar" os alunos em determinados valores ou direcionamentos. O máximo que se pode conseguir é que tenham alguns comportamentos e padrões mínimos de respeito, tolerância e convivência.

Pensar em currículos requer três movimentos prévios. De um lado é necessário considerar a articulação interna entre os segmentos em que se organiza o processo escolar: o currículo de um determinado segmento deve servir primordialmente aos propósitos desse mesmo segmento. Educação infantil, ensino fundamental e ensino médio possuem suas especificidades e constituem compartimentos que devem levar em conta o processo do desenvolvimento humano.

De outro lado é preciso levar em conta as articulações do currículo com os outros componentes do sistema escolar. No Brasil, o currículo sempre foi pensado e atrelado ao conceito de que fora da Universidade não há salvação. Por isso todo o currículo fica vinculado a um arquétipo do que seja um vestibular ou a uma noção vaga do que seria uma "educação geral". Repensar um currículo, portanto, requer o estabelecimento de definições e entendimentos prévios, assim como uma agenda que deve ser entendida e explicitada *ex ante*.

Finalmente, como preliminar, é preciso ter clareza conceitual. No Brasil, para agradar aos que não aceitam a ideia de currículo ou programa de ensino, inventamos neologismos como "parâmetros curriculares", "direitos de aprendizagem", "bases nacionais comuns" e outros termos vazios de significado. Uma breve consulta na Internet mostrará que os países que mais avançam usam os termos *currículo* ou *programa de ensino* para prescrever o que as escolas devem ensinar. Não lucraremos nada criando neologismos melífluos.

Havendo disposição para avançar, que passos são necessários para repensar os currículos?

Primeiro, é necessário recuperar a história, a razão de ser dos currículos e como isso ocorreu no tempo. Merece destaque a tensão entre Atenas e Esparta, que até hoje se reflete na tensão entre educação geral e profissional. Enquanto em Atenas se entendia que a vida era o conhecimento, portanto o ensino era para a filosofia e as artes, em Esparta se entendia que a vida era guerra e, portanto, toda a sociedade era educada militarmente. O tratado de Platão sobre o tema permanece atual e foi retomado no currículo clássico do *trivium* e *quadrivium* que ainda subjaz à ideia de uma educação humanística.

A discussão sobre o papel da escola e da língua oficial de ensino, característica dos séculos XVIII e XIX, quando aconteceu a consolidação dos Estados nacionais, também é interessante, embora menos crítica no caso do Brasil (em algum momento, contudo, será necessário enfrentar os desafios de identidade e integração das escolas indígenas, por exemplo). Cabe a releitura da influência do enciclopedismo que consolidou a ruptura e segmentação das disciplinas iniciada na Idade Moderna e ficou incorporada nos currículos do século XIX, que ainda estão fortemente presentes no que sobrou da ideia de currículos e disciplinas obrigatórias no Brasil. Também cabe uma leitura crítica de John Dewey e de quantos vieram depois dele avaliando as contribuições, acertos e desacertos da escola "progressista", que foram refletidas por Anísio Teixeira sob o conceito da Escola Nova. A remissão histórica é essencial para recuperar os laços da tradição ou os fragmentos do que dela sobrou.

Segundo, é preciso examinar a fundo o estado da arte dos países mais avançados e avaliar as reformas curriculares neles realizadas, especialmente desde os anos 1990. A maioria dos países não acertou de primeira. É importante relacionar esse debate ao surgimento de testes internacionais como o *Trends in International Mathematics and Science Studies* (TIMSS) e o Pisa, como respostas aos desafios da globalização da sociedade do conhecimento.

É instrutivo observar como cada país a seu modo lida com questões como a extensão do currículo, o que é obrigatório e opcional, quais disciplinas merecem ênfase e como se dá a discussão sobre a diversificação, especialmente no ensino médio. Mais do que as diferenças, é necessário observar o que há de comum entre eles. Atenção especial merecem os países federalistas, mas de modo particular, os recentes avanços ocorridos nos Estados Unidos, um país de fortes bases comunitárias locais, avesso a interferências do poder central, especialmente em matérias como a educação.

Na última década, os EUA costuraram, de baixo para cima, a partir dos estados, uma interessante e rigorosa proposta curricular: o *"core curriculum"* que, mesmo sem ser unanimidade, nivelou o programa de ensino daquele país ao dos congêneres, no que se refere ao rigor curricular. Reformas curriculares em países como Cingapura, Inglaterra, Austrália, Finlândia ou na província de Ontário, no Canadá, teriam muito a nos ensinar e forneceriam importantes instrumentos para nos livrar da pressão das corporações e do pensamento único que vem dominando e empobrecendo o debate educacional em nosso país.

Terceiro, cabe considerar os avanços da ciência do desenvolvimento humano, pois eles podem nos ajudar a definir quais e quando oferecer determinadas disciplinas. No século passado ficamos presos a duas vertentes do construtivismo que inibiram fortemente o avanço do progresso da educação no Brasil, especialmente nas séries iniciais. Propostas de ensino baseadas numa leitura estreita do construtivismo de Jean Piaget sobre estágios de desenvolvimento como sendo algo fixo e rígido levaram a certa passividade e ao atraso na educação infantil e nas séries iniciais. O mesmo ocorreu com os equívocos decorrentes da leitura das teses do construtivismo de Vigostky relacionadas com o papel da linguagem e do pensamento, bem como sobre a relação ensino-aprendizagem, o que provocou uma renúncia ao ensino explícito e um deslocamento do papel do professor.

Hoje sabemos um pouco mais sobre os momentos mais adequados que nos permitem tomar decisões mais fundamentadas sobre o ensino de algumas disciplinas. Por exemplo, seria muito mais produtivo ensinar línguas estrangeiras ou música na educação infantil e séries iniciais. Sabemos que devemos preparar as crianças para se alfabetizar na pré-escola e que devemos alfabetizá-las no 1o ano do ensino fundamental. Já a História é mais bem aprendida a partir da adolescência, pois depende de raciocínio lógico avançado e habilidades cognitivas mais sofisticadas para lidar com o tempo. E também sabemos que pode ser engraçadinho ensinar as crianças a fazer programas elementares de computador, mas é difícil avançar antes que as crianças tenham adquirido a capacidade de pensar logicamente. Como diz o provérbio, há tempo para tudo...

As tecnologias permitem individualizar o ensino e promover formas diferenciadas de enturmação, mas por outro lado requerem conhecimento e cuidado com a estrutura e a sequência das disciplinas para favorecer uma aprendizagem sólida. Também hoje sabemos muito mais a respeito da importância das atividades físicas para o funcionamento do cérebro, o que traz implicações para o ensino e a prática da educação física, assim como de atividades físicas na escola e fora dela: *mens sana in corpore sano*.

Nada disso deve ser parte da discussão sobre o currículo *per se*, mas esses conhecimentos são fundamentais como ponto de partida para elaborar currículos. Continua válido o velho ditado: para ensinar latim a João é preciso conhecer o latim e o João. A ciência cognitiva hoje nos permite saber que nossos cérebros funcionam de forma muito semelhante. Conhecer João implica também saber como ensinar o cérebro a aprender.

Quarto, cabe discutir os critérios para a elaboração de currículos no país. O que deve conter? Quem precisa ser ouvido e qual é a audiência? Qual é o papel do governo federal, dos estados e outros atores? Quais são os critérios para apreciar as contribuições e quem liderará o processo e buscará consenso para implementar o que for decidido? Seria mais adequado analisar propostas curriculares vindas de estados, municípios ou mesmo de instituições e redes de ensino, ou de uma proposta elaborada por grupos qualificados?

Currículo não é local de acerto de contas entre facções do mundo acadêmico, não é espaço para o triunfo de uma perspectiva e ideologia sobre outra. Não é lugar para introduzir interesses corporativos para que uma ou outra disciplina seja ensinada ou um ou outro tópico de interesse de grupos particulares desloque o foco sobre o papel da Escola, seja a educação para trânsito, o empreendedorismo, a formação para hábitos de poupança ou a educação sexual. Currículo deve formar pessoas para ter consciência crítica sobre todas as questões, deve servir para ensinar a pensar, e não para ensinar "o que pensar" ou o que seja politicamente correto. Currículo é o lugar onde uma sociedade define o que se deve ensinar e aprender nas escolas. É o lugar onde a sociedade investe no seu capital mais importante: o capital humano, o conhecimento das pessoas. Um currículo precisa ser eficiente e elaborado com base disciplinar, obedecer a critérios de foco, rigor e coerência (SCHMIDT, 2012).

Quinto é preciso definir claramente o que é um currículo, qual é o seu papel e, sobretudo, o que não deve entrar nele, o que deve ser feito por disciplina, por série escolar, de maneira clara e compreensível, dispensando extensas lengalengas introdutórias. Basta ver como fazem outros países para resistir à tentação da retórica gongórica típica de nossa tradição ibérica. De modo especial não devem entrar no currículo considerações de ordem pedagógica ou metodológica, ou seja, a forma como algo deva ser ensinado. Infelizmente no Brasil todas essas coisas são sistematicamente confundidas nas propostas existentes. Daí o alerta.

Finalmente, o currículo deve ser elaborado à luz de considerações a respeito de sua futura implementação. Ele terá implicações na formação dos futuros professores, nas condições dos atuais professores para implementá-lo, nas estruturas escolares, na produção de livros e materiais didáticos e na avaliação. Também deve levar em conta a realidade e o potencial das tecnologias. Abaixo seguem alguns cuidados especiais que devem ser levados em consideração na elaboração de currículos para os diferentes segmentos de um sistema escolar.

I) O primeiro cuidado especial é com os currículos para **educação infantil**. Faz sentido haver currículos para esse nível. Há expectativas de que ao final do percurso a criança que sair de uma pré-escola domine competências relevantes para iniciar o processo de educação formal. Essas competências derivam de duas fontes: de um lado do conhecimento do processo de desenvolvimento infantil e, de outro, das exigências e pré-requisitos que forem estabelecidos nos currículos escolares.

Embora os princípios sejam os mesmos, os parâmetros e formatos para elaborar currículos para a educação infantil são diferentes dos que se aplicam a um currículo da educação fundamental ou do ensino médio. Primeiro porque não há disciplinas ou matérias como na escola e sequer precisamos ter professores como os da escola formal. Nos países germânicos, por exemplo, os profissionais que lidam com as crianças de até seis anos se chamam pedagogos, mantendo a tradição grega da palavra, e recebem uma preparação especializada muito diferente da formação dos professores das escolas.

Segundo porque o fio condutor de um currículo da educação infantil é o processo do desenvolvimento humano infantil que deve ser conhecido a fundo por parte de quem elabora os currículos.

Há diversos modelos em diferentes países do mundo que sugerem formas diferentes de apresentar o currículo da educação infantil. Uns preferem identificar marcos e desafios que toda criança deve vivenciar, outros são muito mais detalhados nas atividades prescritas. Por outro lado a pré-escola tem, como uma de suas funções, assegurar que as crianças cheguem preparadas ao ensino fundamental, o que requer o cuidadoso detalhamento das habilidades que elas devem adquirir nesse período sem, no entanto, escolarizar precocemente a educação infantil.

II) O segundo cuidado especial é para com os **currículos para o ensino fundamental**. Este nível tem um ponto de partida e um ponto de chegada conhecidos. Também há uma transição interna importante ao final do 5º ano, com diversas implicações. O ponto de partida é a alfabetização (ensinar a ler e a escrever) e o ensino dos fatos fundamentais da matemática. O ponto de chegada é algo próximo ao que se pretende com o Pisa: uma síntese notável, certamente não perfeita, do que um cidadão do século XXI precisa saber para tomar decisões sobre sua vida, seus estudos e seu futuro.

O Pisa se concentra nas duas disciplinas instrumentais, linguagem e matemática, pois são a base para todo o resto e exigem pelo menos 1.000 a 1.500 horas de estudo para serem devidamente aprendidas. Esse exame também avalia a capacidade do aluno lidar com conhecimentos científicos, especialmente conteúdos básicos de biologia, física e rudimentos de química e geografia.

Um aluno que consegue 500 pontos no Pisa tem plenas condições intelectuais de exercer a sua cidadania, tomar e implementar decisões conscientes a respeito do tipo de ensino médio ou superior que pretende cursar. O Pisa deve ser, portanto, um referente importante para nortear os pontos de chegada. Mas o currículo deve assegurar que ao final do ensino fundamental os alunos estejam aptos para fazer suas primeiras escolhas vocacionais e profissionais. Para escolher com liberdade, eles precisam dominar os conhecimentos básicos necessários e suficientes para dar o passo seguinte. Sem isso não há liberdade de escolha, se é que o Brasil está disposto a dar essa liberdade.

O ponto intermediário dos currículos do ensino fundamental é a passagem das séries iniciais, em que o ensino é focado na linguagem e na matemática, sob a coordenação de um só professor, para as séries finais, com disciplinas mais definidas e professores especializados no momento da transição da infância para a adolescência. Reduzir o número de disciplinas, dar opções aos alunos e incentivar professores que possam ministrar pelo menos duas disciplinas são algumas das ideias vencedoras que podemos importar de outros países.

III) O terceiro cuidado especial refere-se aos **currículos para o ensino médio**. A decisão mais importante, neste nível, é se continuaremos a ter um currículo unificado, na contramão do mundo, ou se teremos um ensino médio diversificado. Nos países germânicos, onde não há preconceito contra o trabalho e as ocupações manuais e técnicas, o termo *Bildung* é usado tanto para a educação acadêmica quanto profissional. Trata-se da conceber a educação pelo trabalho, e não simplesmente para o trabalho.

No Brasil, insistimos no equivocado conceito de "educação geral" e no histórico preconceito contra o ensino técnico e tudo que envolve trabalho, especialmente aquele que envolva o físico e especialmente as mãos. Analisar esses preconceitos e seus efeitos nefastos sobre a juventude é pré-requisito para o país avançar no delineamento de um ensino médio diversificado.

Nos países mais avançados a diversificação do nível médio de ensino comporta uma vertente acadêmica outra profissional ou técnica, ambas com variados graus de flexibilidade. Um rápido exame nas publicações de estatísticas anuais da OCDE denominadas Education at Glance permite ver o grau de diferenciação do ensino médio nos diferentes países: entre 30 e 70% dos alunos fazem cursos não acadêmicos. Na maioria das nações, a vertente acadêmica inclui um conjunto de disciplinas instrumentais (línguas, matemática), científicas e humanísticas. O que se altera nesses vários países são a quantidade e a dosagem, as quais, por sua vez, são balizadas pelos exames de conclusão do ensino médio e de acesso ao ensino superior. O comum são as opções que o aluno tem de escolha de cursos e do nível desses cursos. O que viabiliza o modelo é a flexibilidade para a contratação de professores em função de demandas, não de cargas horárias rígidas.

Na formação profissional há diversos esquemas e propostas. Há cursos de curta duração, médios técnicos, médios técnicos articulados com médio superiores e outras combinações. Nas últimas décadas tem havido uma tendência de ampliar o conceito tradicional de ocupações. Alguns países oferecem opções mais amplas, baseadas em famílias de ocupações (serviços, informática, agronegócios etc.) ou em temas (comunicações, culinária etc.), como é mais típico das *"carreer academies"* nos Estados Unidos[1] e na Inglaterra.[2]

No caso das vertentes não acadêmicas é fundamental a participação de profissionais e empregadores na definição de competências esperadas (não de disciplinas a serem ensinadas). Nas vertentes acadêmicas seria um avanço contemplar pelo menos uma divisão entre focos (ciências da natureza e do espírito) e de ênfase. Na maioria dos países, o ensino médio não acadêmico deixa abertas as portas para o ensino superior, mas não atrela seus currículos aos exames de acesso.

Dados a inexperiência e o viés com que o Brasil tem lidado com esta questão, duas outras considerações poderiam contribuir para evitar grandes erros. A primeira é ouvir, e muito, a respeito das diversas análises e interpretações dos currículos e da sua implementação em diversos países. O objetivo é criar um debate sobre a realidade e suas diferentes facetas. Segundo, é preciso ter calma, ir devagar, fazer aos poucos, sem querer detalhar todas as disciplinas num mesmo momento e num mesmo documento de diretrizes curriculares, o que poderia ser desdobrado em vários, dando tempo para aprender no processo.

Para concluir a discussão sobre currículos, cabe um breve comentário sobre as competências não cognitivas. As formas de ensinar e de aprender são tão importantes quanto o conteúdo que aprendemos. Na aprendizagem de habilidades e valores, o exemplo e a modelagem são fundamentais. O mesmo vale para a formação de hábitos intelectuais.

Um livro didático bem elaborado, um professor que usa estratégias didáticas claras não nos ensina apenas o conteúdo, ele nos ensina a aprender, a estudar, a pensar. Muito se fala e apregoa sobre as habilidades não cognitivas. Elas são fundamentais.

Sabemos ainda muito pouco sobre como elas se desenvolvem, como são aprendidas e como podem ser ensinadas. Sabemos que elas não são disciplinas em si, que suas dimensões se assemelham muito às características

---

[1] Disponível em: <http://www.ncacinc.com/>.

[2] Disponível em: <http://www.careeracademies.org.uk>.

específicas do que convencionalmente se chamava de coeficiente de inteligência. Diferentemente do que pensávamos sobre o QI, que era visto como algo fixado pela genética, hoje sabemos que essas características podem ser desenvolvidas dentro de limites mais elásticos. Hoje sabemos que esforço, persistência e crença em nossa capacidade de autossuperação explicam melhor o desempenho escolar do que o talento inato.

Quase tudo o que precisamos aprender sobre essas competências ocorre em casa ou no jardim de infância (FULGHUM, 1998). Daí a imperiosa necessidade de uma primorosa educação infantil, qualquer que seja o ambiente institucional onde ela ocorra. Num país onde se adoram modismos é preciso muita prudência para não contaminar o currículo com teorias estapafúrdias e recomendações metodológicas que não cabem num documento dessa natureza.

4) Repensar carreiras de magistério

Na sua configuração atual, a escola depende muito dos professores. Pode ser que no futuro as tecnologias de informação mudem essa relação, mas até onde a vista alcança, o professor continuará tendo papel fundamental para o sucesso ou o fracasso do aluno. Por isso, as políticas para o magistério devem levar em consideração pelo menos sete aspectos (PRUYEAR, 2014):

1º) Estabelecer padrões elevados para atrair jovens talentosos

Pouco se sabe sobre o que faz um professor eficaz. As pesquisas sobre o tema revelam mais ambiguidades do que certezas. Mas do pouco que sabemos há duas conclusões importantes. Primeiro, o professor eficaz domina bem o conteúdo que ensina. Segundo, domina as metodologias e técnicas mais efetivas para ensinar. Também sabemos que nos países com melhor desempenho no Pisa a profissão é prestigiada e os professores normalmente são recrutados entre os jovens mais talentosos.

Desse conjunto de conhecimentos decorre uma implicação: para melhorar o ensino é preciso estabelecer padrões elevados para atrair jovens talentosos para o magistério. Há muito que se aprender sobre isso, mas até o momento configuram-se como estratégias bem-sucedidas:

I) Criar uma cultura de valorização efetiva dos professores pela sociedade. O primeiro passo é desconstruir a versão que as corporações disseminaram da sociedade brasileira (o mito do professor coitadinho) e começar a reconstruir uma nova imagem.

II) Estabelecer critérios de admissão para acesso a cursos de formação inicial de professores. Um critério simples é que os candidatos estejam entre os 25% mais bem colocados em exames de ingresso, como vestibulares, Enem ou outro tipo de comparativo. Mas para atraí-los não basta a regra, é necessário oferecer incentivos adequados.

III) Estabelecer critérios semelhantes para atrair pessoas talentosas já formadas em outras disciplinas para o magistério, seja em carreiras permanentes ou transitórias.

Salários, carreiras e condições de trabalho serão um componente importante para viabilizar essas ideias.

2º) Estratégias para recrutar professores entre os 25% melhores alunos

A ideia de recrutar os melhores do ensino médio e superior corresponde à expectativa de que as pessoas farão do magistério uma carreira para toda a vida. Esse pressuposto também precisa ser revisto, pois esta não deveria ser a única forma de acesso ao magistério, especialmente quando observamos o contingente expressivo das pessoas com curso superior que mudam de profissões e ocupações ao longo da vida. Na verdade, o critério deve valer para todos que ingressam na carreira do magistério, desde os mais novos aos profissionais já experimentados. Uma boa escolaridade prévia é condição necessária para o sucesso acadêmico. O esforço adicional é a condição suficiente.

Os conhecimentos tradicionais sobre atratividade e fatores de permanência numa carreira têm mudado muito nas últimas décadas e o problema não permite análises superficiais. Um exemplo para ilustrar a necessidade de reflexão e profissionalismo no desenho de sistemas de atração de talentos: dar bolsas para atrair jovens talentosos é política de alto risco, pois eles podem mudar de ideia e, se são talentosos, encontrarão meios de não pagar a bolsa ou de conseguir um emprego que lhes permitirá ressarcir os cofres públicos. Uma ideia melhor seria dispensar quem se dedicar à profissão do pagamento do crédito educativo, como se faz, por exemplo, no caso do financiamento de estudantes de medicina que optam por trabalhar no SUS. Isso reduz os riscos para o governo e dá mais opções aos candidatos.

Outras estratégias necessárias para viabilizar uma carreira atrativa é dimensionar de forma adequada a duração do ano letivo, que poderia ser menor, e do dia de trabalho, que deveria ser maior. A conjugação dessas variáveis, especialmente em escolas de tempo integral de tamanho otimizado, poderia liberar recursos vultosos para aumentar significativamente os salários dos professores. Se professores de séries finais e ensino médio puderem se credenciar para lecionar mais de uma disciplina, isso poderia contribuir para aumentar a eficiência na organização de cargas horárias, aproveitamento de pessoal, redução de custos e aumento de salários.

3º) Repensar as carreiras

O conceito de carreira se confunde com vários outros: vocação, ocupação, profissão, estratificação social. Há carreiras provisórias e permanentes, horizontais e verticais, de prestígio e de menos prestígio, do setor público e do setor privado. Para avançar devem-se definir e precisar os termos. O objetivo é assegurar bons professores para os alunos das escolas. Carreiras podem ser instrumentos para tanto, mas não é o objetivo final. Pode haver outros mecanismos para atingir o mesmo fim.

A experiência internacional aqui não é muito inspiradora. A maioria dos países também padece com os inconvenientes das carreiras públicas. O que serve para proteger os professores contra abusos e arbitrariedades, que certamente existiram e podem voltar a existir se não houver um mecanismo de proteção, infelizmente não serve igualmente bem as escolas e os alunos. Daí a necessidade de olhar fora da caixa e procurar novos modelos de gestão.

Existem vários tipos de carreira. Na escola particular, por exemplo, existe uma carreira externa: os professores migram para escolas melhores, mais bem localizadas e de maior prestígio. Todos os professores de uma mesma escola normalmente ganham o mesmo salário (geralmente negociado com os sindicatos), sem distinção por nível de escolaridade nem por tempo de serviço (os sindicatos jamais permitiriam esse tipo de discriminação, pelo menos quando negociam com escolas particulares). Para atrair e manter os melhores professores, uma escola pode aumentar o salário, melhorar condições de trabalho ou potencializar o prestígio. Quando o professor não se adapta por qualquer razão, sai. O critério da escola é atender o cliente em função dos serviços que oferece, respeitadas as exigências da lei e a mão de obra disponível. O mercado cria a carreira, a qual é, portanto, externa às escolas. No setor público não existe essa possibilidade. O professor, no máximo, muda de série em que leciona ou muda de escola.

Há vários modos de organizar uma carreira. A mais comum é a forma piramidal, como a carreira militar ou a diplomática: a base é grande, o topo é pequeno, poucos chegam ao final. Supostamente, os que chegam possuem características mais adequadas para comandar e tomar decisões de maior importância. A natureza da tarefa muda com a ascensão, e os salários são muito diferentes. O esquema não é adequado para o magistério, pois esta é uma carreira mais horizontal, mais achatada, embora possa haver algum grau de diferenciação.

Carreiras acadêmicas e profissionais são mais achatadas e há pouca diferenciação. O profissional já começa com alguma autonomia e responsabilidade, mas o nível de supervisão vai se reduzindo. Pode haver diferenciação entre disciplinas/especialidades. Numa sala de cirurgia, por exemplo, todos, médicos, enfermeiros e técnicos, são profissionais, mas há um comando claro e a responsabilidade cai num só. Nas carreiras científicas o jovem pode fazer pesquisas sozinho, mas tipicamente avança como auxiliar, assistente, colaborador até se aventurar em voo solo ou tornar-se orientador.

Em outras carreiras, o avanço pode se dar pelo aprofundamento (o superespecialista) ou pelo alargamento (o profissional vai assumindo mais funções gerenciais). Há carreiras horizontais e verticais, com diferentes trajetórias e salários. Uma carreira diferenciada no Brasil é a de juiz federal: todos ganham igual desde a entrada até a aposentadoria. O pressuposto é igual ao dos professores: todos estão prontos para julgar desde o dia em que estejam efetivados. O salário pode mudar se subirem para outras cortes. Este poderia ser um exemplo interessante para a carreira docente.

Carreiras de magistério são essencialmente horizontais, pelo menos na configuração atual. O professor começa e termina dentro da sala de aula. Cumprido o estágio probatório, é efetivado, tornando-se tão sênior quanto qualquer outro. As carreiras são achatadas. Diferenças salariais são vistas com maus olhos pelos colegas e sindicatos, afinal todos fazem a mesma coisa: trabalho igual, salário igual. Aqui e ali se admitem diferenças salariais devidas ao tamanho da turma ou nível de ensino. A diferenciação mais praticada e aceita, no Brasil, é por nível de formação, algo que não exerce qualquer impacto na aprendizagem dos alunos. Ninguém é melhor professor por possuir títulos acadêmicos mais avançados.

Refletir sobre carreiras de professor é complexo: tempo de serviço não afeta o desempenho, pois a curva de aprendizagem é muito abrupta: o professor melhora muito sua capacidade nos dois ou três primeiros anos, depois se estabiliza. Portanto não faz sentido aumentar o salário de professores com base na passagem do tempo. Cursos adicionais não têm relação com maior desempenho dos alunos, portanto não faz sentido remunerar pela titulação. Diferenciar funções é complicado e nas escolas há poucas vagas e espaço para isso, como no caso de professores especializados ou professores-tutores. Talvez faça sentido ao nível de rede e dentro de uma estrutura piramidal, pois as vagas seriam poucas. Na educação infantil há mais espaço para diferenciação, como no caso de cuidadores.

Dado que são poucos os diferenciais possíveis, surge outra questão: como motivar os professores, especialmente os melhores, a permanecerem no magistério? Há pelo menos três soluções conhecidas. Uma delas, a que maximizaria os salários, seria oferecer a mesma remuneração ao longo de toda a carreira, após a efetivação. Os ajustes são apenas referentes ao custo de vida. Não é muito diferente do que ocorre com os juízes, mas como na magistratura há poucos, dá para pagar muito. Professores são milhões. Uma variante dessa opção seria criar alguma verticalidade para professores-especialistas e professores-mentores, mas haveria muito poucas vagas para esses cargos em qualquer rede de ensino.

Outra opção seria prever mecanismos de incentivo em função de desempenho. Mas é preciso levar em conta vários fatores. O dinheiro pago para incentivos é retirado do total de recursos para pagamento de salários. Ademais esses mecanismos são complexos e, como mostram as evidências, raramente funcionam, tendem a ser descontinuados ou a se tornarem direitos adquiridos. Ademais, avaliar professores de determinadas disciplinas é tarefa complexa. Uma forma alternativa seria criar incentivos para escolas em função de metas de desempenho calibradas pela situação dos alunos (nível de desempenho e nível socioeconômico). O fato inevitável é que os recursos para pagamento de incentivos só saem de uma fonte: a mesma que serve para remunerar os professores.

Uma terceira opção se refere à criação de carreiras temporárias. O Brasil já possui um modelo interessante desse mecanismo nas Forças Armadas e a sua instituição na educação deve ser considerada. Nesse modelo existente, o processo de seleção e indução é rigoroso, as pessoas progridem ao longo dos anos dentro de uma curta carreira militar e, ao final do processo, retornam à vida civil. Este modelo em educação poderia ter uma duração de oito anos (ou a duração máxima que a legislação permitir), ao final do qual as pessoas seriam desligadas e retomariam a vida em outras carreiras.

Mecanismos especiais poderiam facilitar essa transição para outras profissões fora do serviço público, como, por exemplo, o financiamento para abrir empreendimentos próprios ou para o ex-professor temporário se inscrever em cursos de mestrado profissionalizantes após o término de seu serviço. O país e o mercado de trabalho possivelmente ganhariam muito com a adoção de estratégias desse tipo.

O certo é que a população está diminuindo, ou seja, nos próximos anos se precisará de menos professores. A educação infantil ainda não se consolidou, o que significa que ainda há algum tempo para pensar em formas alternativas de prover esses serviços e definir os perfis de seus profissionais. A adoção do tempo integral também pode servir de oportunidade para repensar regras e adotar mecanismos mais eficientes e atraentes. A existência de diferentes redes estaduais e municipais pode ensejar experimentos diferenciados. A explosão dos gastos com inativos poderá alertar as autoridades para a necessidade de conter custos. A existência do Fundeb e da Lei de Responsabilidade Fiscal podem balizar o que efetivamente se pode pagar para atrair e manter bons professores.

Outra consideração importante são as tecnologias da informação e comunicação: na medida em que elas efetivamente forem utilizadas em seu potencial, mudanças profundas poderiam ocorrer nas escolas, como por exemplo: (1) algumas disciplinas ou parte delas poderiam ser absorvidas pelo computador, com ou sem apoio de professores ou outros auxiliares; (2) alunos poderiam ter, entre seus deveres, o compromisso de fazer pelo menos uma ou mais disciplinas como autodidata, com ou sem uso de computadores; (3) sistemas mistos poderiam criar funções diferenciadas, com auxiliares especializados para trabalhar com grupos individuais ou pequenos grupos de alunos.

Sem esgotar as possibilidades, eis algumas ideias a considerar:

I) Criar modalidades e carreiras diferenciadas na **educação infantil** para diferentes tipos de cuidadores, inclusive mecanismos para financiar mães que cuidem de suas e outras crianças.

II) No **ensino regular**, reduzir o número de matérias obrigatórias, possibilitar diferentes formas de acesso ao magistério, possibilitar que um mesmo indivíduo possa lecionar pelo menos duas disciplinas.

III) O **quadro permanente de professores** poderia ser limitado às disciplinas obrigatórias, dando flexibilidade às escolas contratarem profissionais de outras áreas para disciplinas não obrigatórias, com regimes diferenciados.

IV) Nas escolas de **ensino médio** os professores das disciplinas técnicas, que são as mais importantes, deveriam ser profissionais das várias ocupações, que receberiam uma formação pedagógica. Como mudam muito as áreas oferecidas, em função da volatilidade dos mercados de trabalho, é necessário que esses contratos sejam temporários, em função da demanda, o que já ocorre em instituições como as do Sistema S.

4º) Estabelecer políticas adequadas de formação

Dispomos de algum conhecimento científico a respeito do que o professor precisa saber e o que precisa saber fazer. Também dispomos de alguma informação a respeito das melhores práticas. Não há por que reinventar a roda.

O que o professor precisa saber?

Neste ponto, as evidências são bastante convergentes: o professor precisa (1) saber a fundo o conteúdo do que vai ensinar e entender as implicações desse conteúdo para o próximo nível de ensino; (2) dominar as melhores metodologias e estratégias para ensinar esses conteúdos; e (3) usar estratégias para ajudar os alunos com dificuldade de aprendizagem.

Saber a fundo o conteúdo do que vai ensinar significa conhecer seus fundamentos, implicações e aplicações. Um professor que ensina as operações aritméticas precisa conhecer bem o significado, as implicações das propriedades dessas operações. Não basta saber a tabuada, também precisa saber como ela será utilizada mais tarde (por exemplo, no ensino de frações ou no cálculo de percentagens). Assim ele poderá entender melhor o contexto do que ensina, o que vale para todos os professores de todos os níveis.

Há ainda uma implicação prática: os cursos de formação de professores de qualquer nível devem dar mais ênfase ao conteúdo do que será ensinado nesse nível de ensino e no nível subsequente do que enfatizar o domínio de conhecimentos mais complexos. Isso explica a falta de relação entre o nível de formação de professores, titulação em pós-graduação e desempenho dos alunos. O que vale é o domínio profundo dos conteúdos que ele vai ensinar.

Dominar as melhores metodologias e estratégias para ensinar esses conteúdos explica mais o desempenho dos alunos do que simplesmente ter bom conhecimento dos conteúdos (FERRAZ, 2014). Mas a pedagogia não é desencarnada, só usa uma boa estratégia de ensinar raiz quadrada ou de demonstrar um teorema quem tem domínio desses conteúdos.

Uma coisa é ensinar bem, usando de forma adequada as melhores técnicas e métodos de ensino. Outra coisa é saber usar essas técnicas diante de alunos concretos e saber lidar com os problemas e dificuldades apresentadas por eles. Isso requer um conhecimento adequado do desenvolvimento humano, cognitivo e da aprendizagem, uma capacidade de diagnosticar os problemas e de identificar as estratégias eficazes para lidar com alunos que enfrentam maiores dificuldades de aprendizagem.

Existem ainda outros conteúdos e habilidades que devem fazer parte da formação inicial dos professores. Trata-se dos instrumentos próprios do trabalho docente: elaborar planos de curso, planos de aula, escolher materiais didáticos, acessar e usar as novas tecnologias de informação com proficiência, escolher técnicas e métodos, elaborar testes, analisar resultados e colocar essas coisas todas juntas.

Também existem conteúdos e habilidades comuns a qualquer profissional, relativas ao *ethos* da profissão de professor: sua relação com colegas, superiores, pais, comunidade, habilidade de trabalho em grupo, participação cívica e política etc., ou seja, o que deve faz parte do "currículo invisível" de qualquer curso de formação. O Quadro 5.1 contrasta o currículo das escolas de formação de professores de Cingapura com os das escolas de formação de professores no Brasil e mostra o fosso que separa o entendimento sobre o que importa para formar professores.

Quadro 5.1 – *Componentes curriculares das escolas de formação de professores*

Classificação das disciplinas	Número de disciplinas	
	Cingapura	Brasil
Fundamentos teóricos da educação	4	17
Fundamentos teóricos para o ensino	4	6
Legislação e gestão escolar	0	5
O que ensinar (conteúdos específicos)	17	3
Como ensinar (didáticas específicas)	16	6
Outras modalidades de ensino	0	6
Outros saberes	7	3

Classificação de Gatti (2009)
1. Fundamentos teóricos da educação: Filosofia da educação, Psicologia da educação, Sociologia da educação, História da Educação e etc.;
2. Fundamentos teóricos para o ensino: Currículo, Avaliação da aprendizagem, Planejamento de ensino e etc.
3. Legislação e gestão escolar: leis referentes à educação e ao ensino, políticas públicas para a educação, gestão escolar e etc.;
4. O que ensinar (conteúdos específicos das disciplinas a serem ministradas pelo docente);
5. Como ensinar: didática geral, metodologias específicas de ensino de cada disciplina, tecnologias aplicadas ao ensino e etc.;
6. Outras modalidades de ensino: educação de jovens e adultos, educação infantil, educação especial e etc.;
7. Outros saberes.

5º) *Estabelecer políticas adequadas de indução: o estágio probatório*

Existem modelos diferentes de estágio probatório. O mais tradicional é o dual de formação profissional dos países germânicos e que também se aplica aos professores: parte do tempo é na escola, parte na faculdade, onde se discutem os problemas e soluções encontrados na escola. Outros mecanismos geralmente implicam um ano de observação ou participação como professor auxiliar ou assistente, ou a supervisão por professores mais experientes.

Nos últimos anos têm surgido vários mecanismos de certificação de professores, associados ou não ao domínio de competências específicas, como no caso de interações usuais na educação infantil, como, por exemplo, o sistema CLASS[3] ou de competências didáticas aplicadas ao ensino de conteúdos específicos, como no caso das técnicas propostas por Doug Lemov (2011), ou sistemas mistos e intensivos, como os desenvolvidos em torno do programa Teach for America.[4]

O Brasil terá de enfrentar vários desafios para estabelecer (ou restabelecer) sistemas adequados de estágio probatório. Um deles é o descrédito: quem passa no concurso raramente deixa de ser efetivado. Outro é a falta de professores-tutores, seja nas instituições de formação, seja nas próprias escolas. O terceiro é a falta de pessoal, mecanismos e recursos para implementar esses modelos. É algo a ser reinventado, uma tradição a ser restabelecida.

Um dos benefícios de um sistema de estágio probatório é permitir ao futuro professor avaliar sua efetiva capacidade de ser um bom professor. Normalmente os bons estágios probatórios eliminam quase 50% dos pretendentes, ou seja, permanece quem efetivamente tem motivação e aptidão.

6º) Estabelecer estímulos para continuar aprendendo

A formação continuada é uma exigência da sociedade contemporânea: o saber evolui muito rapidamente, todos precisam continuar a aprender ao longo da vida. Isso vale para qualquer profissão ou ocupação técnica de nível médio. A melhor forma de assegurar a formação continuada é adquirir uma boa formação de base, a que forma o leitor autônomo, a pessoa capaz de estudar sozinha e de ter espírito crítico a respeito do que lê. Bons profissionais estudam todos os dias, acompanham a literatura científica de suas respectivas áreas e se mantêm atualizados. Para usar a linguagem da moda, "eles são o sujeito de sua própria história" e de suas carreiras.

Na cultura educacional do Brasil criou-se a ideia de que a formação permanente é uma obrigação do governo, não do indivíduo. Criam-se incentivos e até bolsas para professores participarem de formações e capacitações, cujo resultado é comprovadamente nulo, conforme se pode depreender da análi-

---

[3] Disponível em: <http://www.classmeasures.com>.

[4] Disponível em: <http://www.teachforamerica.org>.

se dos questionários do Censo Escolar: participar em capacitações não tem qualquer relação com o desempenho dos alunos (BRUNS; LUQUE, 2014).

Existem várias formas de estimular a formação permanente. Uma delas se dá pelo mecanismo de carreira. No ensino superior, por exemplo, um professor é estimulado a publicar para ter acesso a promoções. Em alguns países, depois da estabilidade, há incentivos financeiros associados ao grau de qualidade do periódico em que a publicação foi feita. Outro fator é o requisito de fazer determinados cursos ou demonstrar conhecimentos para ser promovido, o que teria pouca aplicabilidade no magistério.

Tipicamente as empresas privadas desenvolvem capacitação de seus funcionários nas seguintes situações: para aprender a fazer algo novo, em função de um novo conhecimento, nova tecnologia ou nova forma de fazer. Nas grandes empresas o investimento é concentrado em pessoas mais capazes e em posições estratégicas, geralmente para prepará-las para cargos gerenciais ou cargos que requerem conhecimentos muito especializados. As duas outras situações envolvem (1) treinamento para corrigir erros de operação, o que requer um diagnóstico e atuação pontua, e (2) treinamento para fazer melhor o que está fazendo.

No contexto de ocupações como o magistério, onde as informações mais relevantes para a prática surgem do compartilhamento de conhecimentos tácitos, parecem mais adequadas estratégias de aprendizagem coletiva em que os profissionais trocam suas experiências em observações da prática dos colegas, seminários, colóquios ou reuniões de planejamento. Algumas metodologias sistemáticas foram desenvolvidas, por exemplo, para induzir professores e gestores a aprenderem a compartilhar dados e usar os dados como estratégia para promover mudanças (BOUDETT; CITY; MURNANE, 2013). Redes sociais formais e informais hoje permitem que professores se comuniquem com colegas em qualquer lugar do planeta. O que não se justificam, com base na evidência sobre sua eficácia, são investimentos vultosos em capacitação como se faz no Brasil. Mas permanece um problema: como lidar com os professores atuais, que, em sua grande maioria, não possuem formação adequada e não operam de forma eficaz?

7º) Estabelecer estratégias de transição

Há duas questões importantes para uma política de transição. Uma delas é como melhorar o desempenho dos atuais professores. A outra é como estabelecer mecanismos de transição para uma nova carreira.

Como melhorar o desempenho?

Sabemos o que não funciona: capacitar professores que não tiveram nível adequado de formação, caso da esmagadora maioria dos que atuam em nossas escolas. Também sabemos que não funciona fingir que os professores são capacitados de forma adequada e podem tomar decisões pedagógicas importantes a respeito de currículos, programas, escolha de materiais didáticos, métodos de ensino etc. É o que vem acontecendo e os resultados são desastrosos.

Aqui o conhecimento é limitado, mas o que se conhece é suficiente para melhorar significativamente o desempenho dos professores e das escolas: o que ajuda são sistemas de ensino estruturados, devidamente testados e que adotam metodologias consistentes, aplicadas com rigor numa escola ou numa rede de ensino. Isso permite desenvolver uma linguagem comum entre os professores, continuidade na aprendizagem pelos alunos e adoção de práticas saudáveis de análise de dados visando à recuperação dos alunos.

Quais são os mecanismos de transição?

Há um grande dilema: como criar novas carreiras para atrair professores com um patamar diferenciado de formação e conciliar o pagamento para os atuais professores? Há vários exemplos na literatura sociológica e econômica a respeito de como lidar com essa questão de transição, seja para novas carreiras, seja transição motivada por mudanças de natureza tecnológica que afetam o desenho de uma ocupação. Tal situação já se colocou em vários momentos da história de inúmeros países. Recentemente a inovação tecnológica tem feito desaparecer inúmeras ocupações. O desafio maior é quando se trata de funcionários públicos com estabilidade funcional.

Aqui é necessário ter clareza a respeito do todo e das partes. O objetivo das novas carreiras é possibilitar a criação de escolas com padrão de ensino adequado e, portanto, dotadas de autonomia. O ideal é que os professores que entraram para as novas carreiras, assim como os que migrarem para elas, concentrem-se em novas escolas, que operem com novos modelos.

Para tanto, é fundamental assegurar que os critérios de admissão sejam os mesmos e que os professores que migrarem possuam nível de qualificação compatível com os professores da nova carreira. De outra forma o sistema perderá sua eficácia e sua razão de ser. Dado o que sabemos sobre o nível atual dos professores e se o critério para as novas carreiras tiver como meta atrair pessoas selecionadas entre os 25% academicamente melhores de sua geração, não serão muitos os que terão acesso às novas carreiras. Daí a importância de criar mecanismos de permanência e de saída que sejam politicamente viáveis, concebidos e implementados de forma respeitosa para os profissionais, mas que não impeçam a implementação das novas políticas.

Cabem, contudo, dois alertas. O primeiro refere-se à propensão do governo federal de criar políticas e programas sem viabilidade financeira, induzir estados e municípios a se engajarem neles e depois repassar as responsabilidades para que eles as assumam. Seria um enorme risco o governo federal se meter a assegurar ou complementar salários sem garantir seu compromisso até o final da carreira dos professores.

O outro alerta refere-se à situação dos aposentados e pensionistas. O Quadro 5.2 sugere que, por volta de 2025, estados e municípios terão suas finanças paralisadas por conta de compromissos com o pagamento dos atuais professores, já que em poucos deles existe a provisão para o pagamento de aposentadorias e pensões. Novas carreiras devem ser dimensionadas de forma a evitar a perpetuação desse risco, pois a conta será paga pelas novas gerações e lá na frente haverá menos professores na ativa do que professores aposentados.

Figura 5.1 – *Custos com pagamento de professores ativos e inativos*

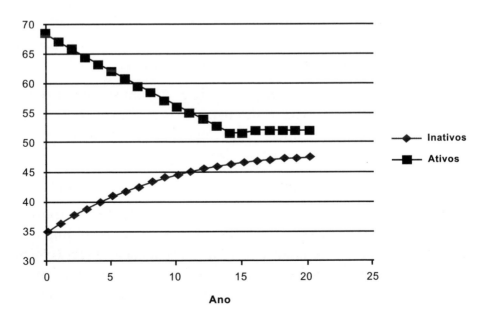

5) Repensar o federalismo

No Brasil, o federalismo é uma invenção artificial que vem de longa data. As capitanias hereditárias foram ajuntadas em províncias que gozavam de algum grau de autogoverno durante o Império. Com a República, foram transformadas em estados. Foi um pacto forjado com base no poder econômico e político das antigas capitanias e na sua capacidade de conspirar para apoiar ou derrubar o governo central. A Constituição de 1988 trouxe os municípios para a mesa do pacto, os quais também passaram a ser considerados entes federados e dotados de algumas novas autonomias.

Nos diagnósticos e causas das condições atuais da educação no Brasil vimos como a divisão de responsabilidades no Brasil, ou a falta e a confusão nesta partilha, é fruto de um compromisso e de tentativas de acomodação de situações históricas, interesses políticos e corporativistas. No vácuo da ambiguidade institucional, temos um pouco de tudo. Na prática o federalismo na educação é subordinado, sobretudo, ao poder de financiamento do governo federal. Como a união dispõe de mais recursos, ela os usa da forma como bem entende e, agindo assim, vem contribuindo para enfraquecer, ao invés de fortalecer, as instâncias subnacionais.

Nos países federalistas, o governo central costuma ter atribuições específicas como imprimir moeda, cobrar impostos, cuidar da segurança externa, relações internacionais e organizar a justiça. As demais atribuições variam de país a pais, mas normalmente incluem atividades que implicam a proteção à autonomia dos entes federados e políticas corretivas para reduzir desigualdades, pois eles tendem a ser mais desiguais.

No Brasil o governo federal tudo pode e, embora se concentre mais em atividades de distribuição de renda do que de prestação de serviços, também faz um pouco de tudo. É difícil, senão impossível, pensar num recorte federalista diferenciado para a educação. Mas vale tentar.

Que contornos poderia ter um novo federalismo na educação?

O ponto de partida deve ser sempre a realidade. O governo federal é forte, capaz de fazer as coisas quando quer, detém recursos, imprime moeda, aumenta impostos e muda a legislação que afeta as diversas instâncias. Muito do que é possível fazer depende de suas ações. Sendo assim, seguem algumas ideias para repensar o modelo do federalismo na educação a partir da capacidade da União:

I) Concentrar a ação do governo federal em questões institucionais, como currículo, formação de professores, avaliação, uso estratégico de financiamento para promover a municipalização e o desenvolvimento de inovações baseadas em evidências para atacar problemas graves. Mais do que fazer, o governo federal deveria agir, no sentido de coordenar esforços para criar instituições fortes e vigorosas nessas áreas críticas. Elas não precisam ser federais nem nacionais, podem ser também regionais ou estaduais.

II) Usar recursos federais para estimular políticas públicas consistentes como, por exemplo, a municipalização do ensino fundamental prevista na legislação ou a diversificação do ensino médio.

III) Utilizar recursos de maneira estratégica, usando critérios universalistas, para estimular a adoção de políticas e inovações baseadas em evidências e acompanhadas de rigorosas avaliações externas.

IV) Acima de tudo, extinguir a prática do balcão, eliminando a necessidade e os custos da interminável romaria de governadores e prefeitos a Brasília.

Por sua vez, os governadores, via Consed, e prefeitos, por meio da Undime, poderiam atuar no sentido de fortalecer a federação e o espaço de autonomia de suas respectivas jurisdições, estabelecendo acordos e acertos com o governo federal que promovam o universalismo nas relações entre os entes federados e atuando junto ao Congresso Nacional para promover legislação que garanta efetivamente o avanço da educação, não apenas o aumento dos compromissos financeiros.

No âmbito dos estados, promover o federalismo também significa estabelecer políticas vigorosas e consistentes de municipalização. Alguns municípios, desde que livres de regulações externas, poderiam se unir e organizar consórcios para operar ou contratar conjuntamente algumas operações de gestão. Mas isso só funcionaria se não houvesse tantas gestões e interferências do governo federal.

A criação de instâncias regionais intermediárias, como no caso de consórcios intermunicipais de saúde, deve ser pensada com cautela. No Brasil que conhecemos dificilmente elas escapariam da sina de tornarem-se instâncias burocráticas adicionais e inteiramente dominadas pelo governo federal. Exceto se existirem razões fortes em que essas instâncias criem economias de escala significativas, é difícil imaginar um papel relevante para elas.

6) Repensar o financiamento

O maior problema da educação não é de falta de recursos, mas sua má utilização: ainda que os recursos sejam insuficientes para promover um avanço na educação, alocar mais verbas sem alterar as regras e formas de seu uso dificilmente trará benefícios para os alunos.

O financiamento da educação básica hoje conta com duas fontes de recursos: a maior parte vem do Fundeb, que equaliza, no nível de cada unidade federada, os recursos que estados e municípios são obrigados a gastar com educação. A outra fonte são os recursos próprios. Estados e municípios são obrigados a gastar o mínimo de 25% de suas receitas próprias com educação básica, enquanto o governo federal é obrigado a gastar 18% em educação, mas sem vinculação obrigatória com o nível básico. Sua única obrigação é complementar os recursos para as unidades federadas que não atingem o valor básico do Fundeb. Na prática, o governo federal gasta 60 bilhões do total de 150 bilhões empregados na educação básica, mas apenas 1/3 desses recursos são repassados por critérios universalistas.

A experiência do Fundef ilustra que é possível promover boas políticas com o uso adequado do financiamento, mas também ilustra as dificuldades para fazê-lo. O Fundef nasceu para priorizar o ensino fundamental, que à época era o único nível de ensino praticamente universalizado. A ideia era priorizar para assegurar a maior eficiência, via municipalização, e a qualidade, começando pela melhoria dos salários dos professores. Mas o governo federal não resistiu e em breve transformou o Fundef em Fundeb, abandonando qualquer ideia de estratégia ou prioridade. Restou apenas a distribuição mais igualitária de recursos dentro da mesma unidade federada. Em paralelo, o governo federal passou a criar expectativas e encargos que, aos poucos, foram inviabilizando o financiamento da educação pelos estados e municípios.

Ciente das limitações e dos riscos, listo a seguir algumas sugestões de políticas de financiamento que poderiam contribuir para melhorar as relações entre os entes federados e aumentar a racionalidade e eficácia no uso dos recursos da educação. As ideias aqui apresentadas não são uma palavra final. Elas servem apenas para explorar um enorme universo de possibilidades para usar os recursos públicos de maneira mais simples, ágil, eficiente eficaz e, sobretudo, de maneira mais republicana.

Política 1: uso estratégico do Fundeb com novos critérios de alocação

O ensino fundamental já está universalizado e, a partir de 2016, este também será o caso da pré-escola. No ensino médio a capacidade instalada é superior à demanda (faltam alunos, sobretudo alunos qualificados). Portanto, seria interessante redirecionar o Fundeb para atingir outros objetivos: municipalização e melhoria da qualidade. Eis uma primeira sugestão: alocar os recursos de acordo com a população, não com a matrícula. Caberia ao município determinar o quanto alocar para cada nível de ensino, inclusive para as crianças de zero a quatro anos, e sua margem de manobra seria muito estreita. Os recursos do ensino médio seriam alocados para as secretarias estaduais com base no número de jovens de 15 a 17 anos residentes no Estado. As vantagens seriam muitas e para muitos. Para o município, haveria incentivos para municipalizar o ensino. Mas também seria possível fazer acertos em fechar suas escolas de ensino fundamental e entregar os recursos para o governo do estado, caso se considerasse incapaz de operar escolas. Adicionalmente, tanto estados quanto municípios teriam incentivos para corrigir o fluxo escolar e acabar com a prática da repetência em massa. O governo estadual poderia usar seus recursos para incentivar outras instituições (do Sistema S ou não) para prover educação profissional e, ao mesmo tempo, incentivar a diversificação da oferta.

Por fim, essa simplificação proporcionaria a eliminação tanto da burocracia quanto dos incentivos para fraudar informações. Riscos não existem, mas seria necessário pensar em mecanismos de transição progressiva, com prazo máximo de três a quatro anos para operar a implementação total dessa política.

Política 2: uso estratégico de transferências voluntárias

O governo federal e os estados dispõem de alguma margem de autonomia quanto à forma de transferir e usar recursos relacionados a repasses obrigatórios ou voluntários. No caso do Governo Federal, esses recursos são gastos para alguns programas obrigatórios e tradicionais de cunho universalista, como livros didáticos e merenda escolar, e outros menos universalistas, como o transporte escolar. No entanto, a maioria dos recursos, mais de 30 bilhões de reais, é gasta para promover prioridades do governo federal, raramente fundamentadas, sem eficácia comprovada e que acabam onerando estados e municípios.

No caso dos governos estaduais é possível vincular parte das transferências obrigatórias a municípios a determinadas prioridades, como no modelo da chamada Lei Robin Hood. Aplicando os princípios dessa lei, os estados estabelecem critérios para os municípios receberem parte das transferências obrigatórias de recursos, incentivando áreas como o meio ambiente, a educação ou a saúde.

A experiência sugere que quanto mais amarrado o recurso, mais complexa e cara é a prestação de contas, bem como são maiores os estímulos para burlar. A merenda escolar representa um custo 50 vezes menor do que o custo/aluno, mas sua prestação de contas envolve conselhos, consultas e um enorme trabalho burocrático que consome o tempo e a atenção do recurso mais precioso da escola, que é o diretor.

O ditado é antigo: se você der algo para a criança bater, ela vai inventar mil usos para um martelo. O mesmo acontece com burocratas com acesso ao cofre. Ministros e políticos escolados se beneficiam do processo de balcão. Companhias aéreas e hotéis se locupletam com as intermináveis viagens dos prefeitos a Brasília. Por que simplificar, se podemos complicar? Como já vimos, a estratégia antiga funciona: criar dificuldades para vender facilidades, mas isso não ajuda a educação.

À exceção do Fundef e parcialmente do Fundeb, que lograram avanços parciais e importantes, as demais intervenções do governo federal no financiamento da educação não apresentam resultados positivos. Não seria hora de mudar? Algumas alternativas a título de exemplo. Todas elas deveriam ser baseadas em mecanismos universalistas, simples e claros e acompanhadas de rigorosa avaliação externa. Para surtir efeito, deveriam substituir integralmente o balcão atual de recursos do MEC.

I) Criar um fundo de incentivos vinculado à Prova Brasil, usado para premiar os municípios que promovessem o maior avanço dos alunos nessa avaliação, calibrado pelo nível socioeconômico. Ou seja: seria premiado o resultado relativo, e não a nota absoluta. Há instrumentos estatísticos simples que permitem calcular os ganhadores. Para assegurar a equidade, não apenas a melhoria da qualidade de algumas escolas, o Prêmio poderia estar vinculado à quantidade de alunos e escolas que atingissem um determinado padrão, como sugerido no Prêmio Prefeito Nota 10.

II) Criar um fundo para incentivar os estados a promover a municipalização, apoiar os municípios e diversificar o ensino médio. O governo federal estabeleceria algumas metas e critérios simples. Por exemplo, as propostas devem ser financeiramente sustentáveis, as intervenções devem ser baseadas em evidências etc. Há modelos em vários países de como fazer isso. Um subfundo poderia contemplar o financiamento de estratégias de escolas de tempo integral, sustentáveis financeira e ecologicamente, em municípios comprometidos e capazes de assumir esse compromisso em substituição à atual política de promoção dos "puxadinhos" do Programa Mais Educação.

III) Criar, em articulação e parceria com estados, fundos diferenciados para municípios de pequeno, médio e grande porte. Cada fundo teria prioridades, regras e critérios, mas as propostas seriam apresentadas pelos municípios.

Política 3: ajustes da federação: um Simples para a educação

Na área da saúde existe um conceito de regimes diferenciados de gestão plena, semiplena etc. A natureza do setor sugere e permite uma divisão racional de tarefas, com níveis de atendimento primário, secundário etc., e mecanismos de compensação financeira. Pelo menos em tese.

A tecnologia de atendimento na saúde sugere e permite a concentração de determinados procedimentos em locais específicos, tendo em vista a complexidade e as economias de escala. A complementariedade de funções propicia a constituição de consórcios regionais. Este é um sistema em que parece haver um elevado grau de consenso quanto ao acerto de sua concepção. Os problemas maiores estão no financiamento e na implementação, mas parece se tratar de uma boa ideia.

No setor empresarial temos o Simples, um mecanismo que tenta reduzir ou eliminar grande parte dos custos burocráticos e financeiros envolvidos no recolhimento de impostos para um grande número de empresas em função do seu tamanho, o que assegura também recursos e informações adequadas para o fisco.

Por que não pensar num Simples para a educação?

Tal mecanismo poderia combinar algumas características positivas de ambos os sistemas acima descritos. Deveria contemplar simultaneamente os aspectos de financiamento e a gestão. Eis um contorno para uma discussão inicial da ideia. O Quadro 5.3 apresenta a divisão dos municípios brasileiros por tamanho de população. Nas quatro últimas colunas apresenta a população alvo para o ensino pré-escolar e municipal, assim como o número de escolas correspondente e o mesmo para o ensino médio. Isso dá uma ideia da "rede escolar" máxima e mínima de cada tipo de município.

Quadro 5.2 – *Porte de municípios, população escolar e número estimado de escolas*

Grupo	População	Número de municípios	Alunos de 7 a 14 anos	Número estimado de escolas
I	Até 20.000	3.914	1.350	1-6
II	20 a 100 mil	1.368	5.400	7 a 30
III	100 a 500 mil	245	32.500	30 a 150
IV	Mais de 500 mil	38	Variável	Centenas

(1) O número de escolas é baseado numa estimativa de 500 alunos por escola em média: uma escola com 18 classes de pré-escola ao 9º ano e uma média de 25 alunos por classe (turmas menores no pré e maiores nos anos finais).

(2) A população escolar típica de um município com 10 mil habitantes é de cerca de 150 crianças por faixa etária, ou seja, seis turmas. No total haveria cerca de 9 séries x 150 = 1.350 crianças, as quais poderiam ser atendidas por quatro escolas de ensino fundamental, além do espaço para cerca de 300 crianças de pré-escola.

(3) Não foi levada em conta a especificidade dos municípios com zona rural. Vale considerar que a população rural hoje representa menos de 20% da população e deverá experimentar um declínio acentuado nos próximos anos.

Para os Grupos I e II, todo o financiamento seria com base no critério *per capita*. Para o III, o financiamento *per capita* seria complementado por um mecanismo competitivo, com critérios e regras voltados para desobstruir gargalos típicos em municípios de médio porte. O Grupo IV, voltado para municípios de grande porte, teria apenas critérios gerais dentro dos quais os municípios competiriam por recursos. Os financiamentos para os municípios nos níveis 3 e 4 seriam objeto de monitoramento e avaliação externa para disseminar as boas práticas.

Grupos I e II: Municípios de pequeno porte

Foco: gestão escolar. O desafio é montar e operar um conjunto muito pequeno de escolas. No Grupo I, a rede escolar é de porte muito pequeno e de baixa complexidade de gestão. No II, a complexidade é um pouco maior, mas a maioria dos problemas se situa no nível da gestão escolar, pois ainda não possui dimensões de gestão de rede muito complexas.

Ordenamento e gestão: os municípios seriam regidos por um compêndio simplificado que incluiria tudo o que seria necessário para montar e operar as escolas com o máximo de flexibilidade que a legislação permitir. Eventuais mudanças na Constituição poderiam simplificar ainda mais a operação escolar. Essencialmente as obrigações seriam as mesmas exigidas de uma escola particular, se possível com a mesma flexibilidade.

Prestação de contas: seria simplificada e em bloco. Poderia ser feita pela escola ou pelo departamento da prefeitura responsável pelas escolas. Nem seria necessária a estrutura de uma secretaria.

Incentivos e assistência técnica: os municípios com notas abaixo de certo nível (por exemplo, menos de 70% de alunos abaixo de X pontos na Prova Brasil) poderiam solicitar uma assistência técnica, garantida por contratos do governo federal com instituições devidamente credenciadas por meio de critérios republicanos, transparentes e universalistas, sujeitas à supervisão e à avaliação de resultados. Tudo sem burocracia e sem custos para os municípios. Os municípios com desempenho acima do padrão estabelecido com base no nível socioeconômico dos alunos teriam um bônus automático. Os que não cumprissem os acertos seriam desligados do programa de bônus ou estariam sujeitos a intervenção (essa hipótese é pouco plausível por falta de interventores qualificados). Nenhum prefeito ou secretário precisaria ir a Brasília.

Grupo III – Municípios entre 100 mil e 500 mil habitantes

Foco: a gestão de redes. Aqui se incluem 245 municípios e oito milhões de alunos.

Ordenamento e gestão: os municípios receberiam um compêndio de tudo que seria necessário para montar e operar uma rede de escolas. Sem criar obrigações, haveria incentivos para municípios que aderissem a um conjunto básico de procedimentos sensatos que comprovadamente os ajudariam a obter eficiência e elevar os padrões de ensino. Um deles, por exemplo, seria a admissão de professores qualificados e/ou certificados de acordo com um determinado padrão. O incentivo poderia ser proporcional ao avanço no cumprimento dos indicadores.

Prestação de contas: os municípios que aderissem teriam um mecanismo simplificado de prestação de contas. Os que não aderissem receberiam apenas os valores básicos do Fundeb. Os municípios que aderissem poderiam ter acesso a fundos especiais de apoio à inovação.

Nesses dois primeiros casos (Grupos I/II e III) a adesão deveria ser legitimada por lei municipal que garantisse a vigência dos acertos pelo prazo mínimo de dez anos, de forma a assegurar a continuidade das políticas. O rompimento poderia ser penalizado financeiramente, de sorte a desestimular entrada e saída irresponsável.

Grupo IV – Municípios de grande porte

Os problemas desses municípios são os mesmos dos de médio porte, mas a história e as especificidades de cada um são muito maiores. Eles são poucos e poderiam receber um tratamento diferenciado. Uma ideia seria manter o pagamento *per capita* com dois mecanismos adicionais: (1) um incentivo incremental para municipalizar, deixando aos municípios a estratégia de negociação com os respectivos governos estaduais; e (2) um fundo de reforma educacional que teria limites de valor, alguns critérios para apresentação e julgamento de propostas e comissões independentes para julgamento.

Seria competitivo, de forma a estimular propostas baseadas em evidências e com elevado grau de compromisso e viabilidade. O governo federal contrataria avaliações externas independentes para aferir os resultados e divulgar as boas práticas. Ao mesmo tempo o governo federal poderia induzir os governos estaduais a estimularem a municipalização mediante três mecanismos: (1) assumir parte do custo de transição com os professores ativos e pagamento dos inativos; (2) recursos para os estados induzirem a municipalização; e (3) financiar parte da infraestrutura para implementação de propostas de redes de ensino médio de tempo integral. O financiamento aos estados, por sua vez, poderia estar condicionado a propostas de diversificação do ensino médio e para a municipalização.

7) Repensar a avaliação e seus usos

A avaliação, ao lado do financiamento, é uma das poucas instituições que o Brasil possui na área educacional. Temos uma política de avaliação, algumas agências especializadas, alguns profissionais da área que podem fazer trabalhos técnicos e emitir pareceres independentes e até mesmo associações profissionais, como a Associação Brasileira de Avaliação Educacional (Abave), que congregam especialistas e interessados no tema. Mas esta é uma área em que há muito a avançar. Selecionamos cinco áreas que merecem particular atenção e que carecem de aprimoramento.

Primeiro, há poucas pessoas especializadas e pouquíssimas instituições. Isso cria pouca concorrência, as pessoas e instituições são sempre as mesmas e isso gera vínculos de dependência pouco saudáveis. É preciso formar psicometristas, especialistas e fomentar o surgimento de novas instituições. Até lá é necessária maior transparência por parte de todos os atores envolvidos.

Segundo, há fragilidades técnicas gritantes e faltam mecanismos para corrigi-las. Um exemplo é a Provinha Brasil, depois rebatizada de Avaliação Nacional da Alfabetização (ANA). Esta prova reconhecidamente carece de fundamentos técnicos básicos, mas não existem canais que obriguem o Inep ou o governo federal a abrir a discussão em torno do tema.

Outro fato relacionado, de domínio público, é o uso de itens, temas e critérios enviesados e tendenciosos em testes e redações, especialmente no Enem. São poucos os casos, mas não deveria haver nenhum. É preciso estabelecer critérios científicos e adotar normas internacionais para a elaboração de testes.

> **Resposta que eu acho certa**
>
> Engenheiro com doutorado em Economia pela Universidade de Chicago, Cláudio Haddad errou metade das questões do Enade e fez a seguinte observação:
>
> > *Uma das questões que mais me espantaram pede aos estudantes que reflitam sobre ética e cidadania, marcando as definições que expressem bem os dois conceitos. Uma das alternativas diz que, sem o estabelecimento de regras de conduta, não se constrói uma sociedade democrática e pluralista, terreno sobre o qual a cidadania viceja como valor. Está correto. A outra enfatiza que o princípio da dignidade humana é o avesso do preconceito. Também está certo. A zona de sombra paira sobre a terceira proposição, a que o MEC considera correta. "Toda pessoa tem direito ao respeito de seus semelhantes, a uma vida digna, a oportunidades de realizar seus projetos, mesmo que esteja cumprindo pena de privação de liberdade, por ter cometido delito criminal, com trâmite transitado e julgado." Isso é apenas uma divagação opinativa do formulador da prova sobre como seriam as condições ideais de vida de um preso. Existem maneiras bem mais objetivas e lógicas de testar o conhecimento do candidato sobre ética e cidadania.*
>
> O objetivo é doutrinar, *Veja*, São Paulo, 7 maio 2014.

Terceiro, os papéis institucionais não são claros. O Inep desenvolve a matriz, encomenda itens, encomenda avaliações, faz relatórios, divulga os dados e usa os canais privilegiados de comunicação do MEC para dar a sua interpretação dos resultados. Não sobram tempo e espaço para que se use a avaliação como instrumento para promover a educação, não para promover o governo de plantão.

Quarto, os dados ainda são muito frágeis. O Brasil possui poucos anos de experiência, as bases de dados não são sólidas, os questionários e os formatos mudam com muita frequência, os pesquisadores se deparam com muitas dúvidas diante das inconsistências. É preciso profissionalizar as bases de dados e torná-las mais transparentes e accessíveis. É preciso estabelecer datas de divulgação, regras claras e universalistas de acesso aos microdados.

Um quinto problema refere-se à avaliação de cursos e de professores das universidades. Na maioria das áreas os critérios adotados pela Capes são consistentes com os padrões internacionais, mas na área da educação esses critérios são muito frágeis. Praticamente inexiste pesquisa de boa qualidade nas faculdades de educação e as revistas científicas brasileiras de educação consideradas como de qualidade deixam muito a desejar. Para avançar é imperativo adotar padrões internacionais e critérios rigorosos, o que, por sua vez, requer que os avaliadores também sejam escolhidos por esses mesmos critérios.

Finalmente cabe examinar o maior de todos os problemas: as avaliações têm tido pouco impacto para melhorar a educação. Isso decorre de dois grandes fatores, um deles é a inexistência de currículos que permitam relacionar os resultados com as fragilidades ou as omissões no ensino. Essa lacuna tem levado alguns estados e municípios a estabelecerem seus próprios sistemas de avaliação, com custos elevados e padrões nem sempre adequados. Alguns municípios ensaiam até provas para crianças de pré-escola. Ademais começamos a correr o risco de excesso de avaliação, o que pode acabar por comprometer a sua utilidade. O outro fator relacionado ao pouco impacto da avaliação é a falta de consequências para gestores, secretários, ministros etc.

8) Repensar a gestão escolar

Na maioria dos países desenvolvidos o padrão de ensino e os resultados das escolas são muito semelhantes. Isso é resultado de políticas que asseguram a equidade e de uma gestão eficiente. No Brasil cada escola é uma escola, não há padrão garantido.

A razão é simples: a escola é a unidade de produção de um sistema escolar. Qualquer política, programa ou reforma só se justifica na medida em que modifica o que acontece na sala de aula. A função de sistemas de gestão é só uma: fazer a escola funcionar. Mas o que acontece na gestão escolar não é pensado na escola. Para isso existem os sistemas escolares. A evidência sobre o desempenho das redes escolares no Brasil demonstra que o país não aprendeu a gerenciar redes de ensino. A enorme variação das notas das escolas dentro de uma rede de ensino comprova a inexistência de um padrão de funcionamento. A pouca diferença no desempenho médio das estaduais e municipais no mesmo município evidencia que o fator socioeconômico e outros fatores extraescolares são mais importantes: o fator município tende a ser maior do que o fator rede. O fato de haver escolas excelentes, mas isoladas aqui e ali, confirma o argumento: elas o são apesar de, e não por causa das políticas existentes, que, por sua vez, constituem reflexo da falta de um processo adequado de gestão.

A gestão escolar envolve os conceitos de centralização/descentralização e autonomia/falta dela. A dimensão da centralização/descentralização é mais controvertida do ponto de vista político, mas tem pouca relevância prática, especialmente hoje em dia, com o advento dos meios de comunicação. Há sistemas fortemente centralizados e sistema amplamente descentralizados. A centralização pode se dar no nível nacional, regional ou local (no Brasil isso seria equivalente aos níveis de governo federal, estadual e municipal). Em qualquer país federativo ou descentralizado, normalmente a descentralização tende a criar mais diferenciação entre unidades descentralizadas. Mas como vimos, no Brasil ela também cria diferenciações enormes dentro de uma mesma rede estadual ou municipal, o que reflete dificuldades de gestão.

A dimensão da autonomia é mais relevante. A evidência sobre escolas eficazes em todo mundo sugere que as boas redes de ensino e as boas escolas gozam de grau elevado de autonomia que, claro, é associado a um sistema de regras bem definidas a respeito de currículos, um sistema adequado de formação de professores, avaliação etc. A autonomia relevante refere-se essencialmente a dois fatores centrais: autonomia na gestão dos professores e na formulação e implementação da proposta curricular.

A importância da autonomia em questões administrativas e financeiras depende muito das culturas administrativas de cada país. Sistemas informatizados permitem um alto grau de autonomia de decisão associado a um grau total de centralização de procedimentos. Um desafio importante no Brasil é avaliar com objetividade as condições necessárias para promover a autonomia escolar. A autonomia é essencial para a escola ser flexível às suas peculiaridades, mas só funciona se as condições para exercê-la estiverem dadas: um currículo claro a ser ministrado, uma direção competente e dotada de poder e autoridade para gerenciar a escola, professores qualificados para exercer o seu papel e meios adequados para a escola operar. No Brasil a maioria das escolas não dispõe de nenhuma dessas condições. O que fazer?

Os estudos sobre reformas educativas em vários países realizados pela McKinsey (MOURSHED et al., 2010) sugerem uma resposta condizente com o que sabemos sobre ensino eficaz (BURNS; LUQUE, 2014), Em casos como esse, que afetam a maioria das escolas brasileiras, a autonomia deve ser condicionada à existência de determinadas condições que, normalmente, adquirem-se ao longo de um determinado processo de mudança.

O primeiro passo refere-se a processos: assegurar a frequência de alunos e professores; garantir que os professores ministrem um currículo que normalmente precisa ser acompanhado de materiais estruturados com prescrições bem definidas.

O segundo passo depende de a escola ter condições de exercitar sua autonomia, o que requer professores bem formados e capazes de planejar e ministrar ensino de qualidade. A autonomia poderia ser dada em função dos resultados. Por exemplo, escolas em que 70% ou mais dos alunos atingem os mínimos estabelecidos, ou em que 70% ou mais dos professores fossem integrantes de uma nova carreira de magistério de alto nível, poderiam ter graus crescentes de autonomia na definição de suas propostas pedagógicas, escolhas de material didático ou mesmo instrumentos de avaliação.

O ponto central: não existe relação entre centralização e autonomia: um sistema pode ser altamente descentralizado e não gozar de autonomia, ou ser muito centralizado e gozar de enorme autonomia.

Centralização com autonomia

Uma das estratégias mais eficazes do governo de Margareth Thatcher na Grã-Bretanha consistiu em oferecer às escolas descentralizadas sob comando regional das antigas autoridades educacionais locais (LEA, de *Local Educational Authorities*) uma barganha: em troca de sua vinculação ao governo nacional (centralização), elas gozariam de maior autonomia. Esta foi uma das importantes alavancagens para romper com a inércia das autoridades locais e promover significativos avanços na qualidade da educação inglesa nos anos 1980 e 1990.

Redes e ensino estruturado

Há muitas evidências concorrentes a favor de organização de redes de ensino e de ensino estruturado. O conceito de "ensino estruturado" refere-se ao grau de organização de um sistema educativo desde os ordenamentos mais gerais até o nível da sala de aula. Como o que importa é o que ocorre na sala de aula, o conceito restrito refere-se a orientações e materiais de ensino elaborados para serem seguidos de forma sistemática e relativamente uniforme dentro de uma rede de ensino. No sistema S, por exemplo, as unidades possuem muito mais semelhanças do que diferenças. O grau de estruturação é bastante elevado, a qualidade dos resultados também. As escolas confessionais, por sua vez, em todas as avaliações a respeito de ensino privado, notadamente as escolas católicas nos Estados Unidos e as sem fins lucrativos que operam em redes no Chile e no Brasil.

A outra dimensão importante da gestão é a supervisão escolar. Qualquer sistema gerencial eficaz opera dentro dos princípios de Planejar, Agir, Avaliar, Rever. Nos sistemas educacionais do Brasil este raramente é o caso. Daí os nossos resultados entre pífios e medíocres. Planejamento é algo que, quando existe nas secretarias, é formal e desvinculado das questões da escola. O agir dos diretores é quase sempre desvinculado das questões centrais do ensino. Eles cuidam de disciplina, merenda, prestação de contas, programas especiais, atividades de contraturno, ensino noturno etc. Passam horas participando ou esperando a realização de reuniões quase sempre inócuas. Raramente lhes é cobrada qualquer coisa relacionada com desempenho dos alunos. A falta de impacto de vinte anos de avaliação educacional na melhoria significativa do desempenho escolar constitui o atestado mais eloquente da falência do modelo vigente de supervisão escolar.

No Brasil há dois modelos mais usuais de supervisão escolar. O prevalente é a supervisão eventual e burocrática. A visita é feita para identificar e registrar problemas, geralmente já conhecidos e para os quais não se deu solução. Nos melhores casos há algum relatório, escândalo ou providência inócua da secretaria ou do diretor. O outro modelo é a visita de técnicos da Secretaria que atuam diretamente junto aos professores ou às vezes junto aos coordenadores pedagógicos, desconhecendo e desvalorizando a autoridade do diretor. Frequentemente esses técnicos são vinculados a programas ou projetos específicos, não necessariamente voltados para os resultados globais da escola.

Pelos resultados da Prova Brasil se pode observar que, no geral, essas duas formas de supervisão não contribuem para melhorar a qualidade. Poucas são as secretarias que possuem diretores com autoridade e poder para dirigir suas escolas, assinam contratos de gestão onde se estabelece com clareza sobre suas responsabilidades e metas, bem como os mecanismos de acompanhamento, controle e avaliação dos resultados a serem utilizados. Mais raros ainda são as que associam esses mecanismos a sistemas de incentivo.

A experiência de outros países onde a educação tem melhor desempenho é bastante diferente das nossas tradições. A função da supervisão não se concentra no cotidiano das escolas (é uma função do diretor), elas se concentram em estabelecer políticas e assegurar meios para o funcionamento das escolas. Na maioria dos países desenvolvidos a supervisão ocorre no máximo uma a duas vezes por ano. Em países como a Inglaterra, a inspeção, cabal e na forma de assessoria, dá-se a cada três anos.

Nesses países as sanções ou consequências dessas visitas são importantes, podendo significar promoções, demissões, intervenções ou projetos de reestruturação e ajuda. Repensar a gestão escolar implica repensar o papel das secretarias, sua estrutura, modo de funcionamento e as instituições necessárias e suficientes para criar e operar escolas autônomas. Grande parte do processo de supervisão pode ser substituída por contratos de gestão com ênfase em resultados e sistemas de incentivo a eles associados.

9) Repensar os sistemas de incentivo

Agimos em função de recompensas e evitamos castigos e punições. A literatura científica a respeito do impacto de incentivos oferece importantes orientações sobre o uso eficiente de sistemas de recompensa. Incentivos funcionam e aqui são apresentados quatro aspectos particularmente relevantes para a formulação de políticas educativas: incentivos para gestores, alunos, professores e pais.

A literatura sobre o impacto positivo de **incentivos para gestores**, inclusive gestores escolares, é abundante (MURNANE, 2014). Nas escolas, a estratégia tende a funcionar quando o diretor dispõe de um mandato claro sobre o que fazer e recursos para realizar sua missão, inclusive meios para exercer sua autoridade e poder. Sem isso, incentivos são inócuos.

Incentivos para alunos também funcionam. Pais sabem muito bem disso quando premiam seus filhos pelo bom comportamento ou por bons resultados. Mas há um detalhe: só funcionam quando o indivíduo pode ou sabe fazer o que se pede e quando o que se pede pode levar ao resultado desejado. Por exemplo, dar incentivos para o aluno ganhar nota boa ou passar num teste não ajuda muito. Dar incentivo para o aluno fazer coisas que sabe, pode fazer e comprovadamente influem na aprendizagem (dormir bem, concentrar-se nos estudos, chegar na hora, cumprir deveres, fazer o dever de casa, ler livros etc.) pode ter resultados positivos. Ademais, qualquer sistema de incentivo deve ter como objetivo transformar a motivação extrínseca (obter o prêmio) em motivação intrínseca (adotar o comportamento por vontade própria). Só dessa forma o indivíduo se torna autônomo.

Incentivos para professores têm resultados mistos. A maioria dos sistemas nesse sentido, tanto no Brasil quanto fora dele, apresentam mais resultados negativos e contraindicações do que resultados positivos (BRUNS; LUQUE, 2014). O assunto é complexo demais para ser resumido aqui. A maioria dos programas de incentivo para professores não funciona por várias razões: premiam poucos e ignoram ou punem muitos, não têm continuidade, não são economicamente viáveis, convertem-se em direitos, não estimulam comportamentos que os professores são capazes de fazer, não discriminam com clareza as razões pelas quais alguém é premiado ou deixa de sê-lo e o resultado dos alunos flutua muito em função de variáveis fora de seu controle, mesmo em turmas de professores de alto desempenho (MURNANE, 2014).

Há poucos casos de sucesso documentado de planos de incentivo eficazes e duradouros. Por outro lado, como citado anteriormente, há evidências de que eliminar os 5% professores com pior desempenho a cada ano pode elevar significativamente a média dos alunos (HANUSHEK, 2011).

Há **incentivos para os pais** que podem funcionar indiretamente sobre as escolas, como no sistema de *vouchers*: os pais escolhem a escola e o governo lhes dá vales para o pagamento. A ideia subjacente é estimular a competição pelos clientes, como ocorre no setor de escolas privadas, onde há pessoas que podem pagar. Os resultados desses sistemas geralmente não são muito positivos em termos de promover a equidade, mas em alguns casos muito específicos podem ocasionar resultados positivos, particularmente quando os provedores são entidades sem fins lucrativos que operam com uma organização uniforme e fortes valores educacionais.

Incentivos funcionam, mas desenhar sistemas de incentivo eficazes é algo que exige muita perícia e atualização constante. Na maioria dos casos os custos são muito maiores do que os benefícios. Outros mecanismos convencionais (carreiras etc.) podem ser mais prudentes.

10) Repensar o ensino face às novas tecnologias

O meio é a mensagem. Esta frase do sociólogo canadense Marshall McLuhan inaugurou em 1964 uma nova forma de pensar a respeito das tecnologias de comunicação. Elas não servem apenas para transmitir conteúdos de forma diferente. São também formas diferentes de comunicar e criam novas possibilidades para a comunicação. É temerário pensar que as tecnologias irão revolucionar a educação. Mais temerário ainda é ignorar e desprezar o seu potencial de contribuir para isso.

Comecemos pela definição. As recentes Tecnologias da Informação e Comunicação (TICs) incluem o *hardware* e o *software*, embora esses termos estejam se tornando cada vez mais indiferenciados. Em termos técnicos, *hardware* é a máquina e *software*, o programa, uma espécie de mente da máquina que funciona como um cérebro eletrônico. Se pensarmos em termos sociais, pode-se dizer que *hardware* são todos os suportes e meios físicos que carregam, transportam ou viabilizam as mensagens. *Software* são os conteúdos veiculados. Mas como o meio é a mensagem, e as mensagens são cada vez mais imbricadas nos meios, é difícil manter uma clara linha divisória.

As máquinas e os meios em si não ensinam, mas o uso adequado de ambos pode possibilitar ou promover a aprendizagem. O fator crítico continua sendo a mensagem: a pertinência e a qualidade do que é veiculado. Mas a forma não é desprezível, pois ela também cria uma mensagem quando participamos de um jogo, de uma teleconferência, de uma videoaula ou de um *chat*. O bom uso das tecnologias, por sua vez, depende do uso dos conhecimentos convencionais sobre aprendizagem, das capacidades do meio em uso e de conhecimentos ainda precários a respeito de como as pessoas interagem e aprendem com essas tecnologias.

Os computadores, de modo particular, têm insuperável vantagem sobre o ser humano no que diz respeito à memória de curto prazo, ou seja, a capacidade de lidar com informações e processá-las rapidamente. O ser humano tem uma capacidade muito limitada para esse tipo de processamento, pois nosso "processador" é muito lento e limitado. Também somos lentos para recuperar informações a partir da memória, o computador sempre estará adiante. Somos extremamente lentos para desaprender, o que nos limita à capacidade de mudar velhos conceitos e velhos hábitos.

O ser humano ainda ganha, de longe, dos computadores na qualidade do processamento: a capacidade de organizar ideias, estabelecer mapas, formar conexões que nos permitem estabelecer relações entre os dados e a flexibilidade cognitiva que nos permite usar a experiência para lidar com ambiguidades. Pelo menos até o presente, também temos a capacidade de associar emoções à aprendizagem, o que nos permite algumas aprendizagens súbitas, algumas recordações indeléveis e memoráveis.

Desde a invenção dos serviços de correio, passando pelo rádio, pelos audiovisuais (cinema e TV) e videodiscos até a Internet e os *smartphones*, cada nova tecnologia excita a mente dos educadores e renova as promessas de uma nova revolução na educação. Mas promessas, potencial e realidade continuam distantes entre si, como mundos à parte. Das promessas não vale a pena falar, pois simplesmente não se concretizaram ainda. E não foi por falta recursos ou de ideias brilhantes.

Encaremos a realidade: o impacto global das tecnologias na educação ainda está muito aquém de seu potencial e das promessas. Esse impacto deve ser avaliado em função de diferentes critérios para os quais a tecnologia é ou pode ser usada: substituir, enriquecer, complementar e ampliar os meios tradicionais de ensino. O que dizem as evidências?

I) **Tecnologias podem substituir**, com grande proveito e custos menores, muito do que se faz na maioria das instituições educacionais. A eficácia sempre depende da qualidade do *software*, do que é transmitido, e não do fato de se usar uma ou outra tecnologia física. Quando substituem totalmente o professor, como no caso do estudo individual ou de cursos totalmente à distância, as tecnologias podem contribuir para reduzir os custos assegurando resultados, pelo menos, iguais. Observe o leitor que, mesmo nesse caso, não se trata de uma substituição pura e simples: o fato de haver esforço e disciplina, que são necessários para se aprender sozinho, é algo diferente de aprender guiado por um professor e das interações sociais que podem ocorrer numa sala de aula.

A questão é saber o que pode e o que deve ser substituído. O Massachusetts Institute of Technology, uma das melhores universidades do mundo, já vem colocando há alguns anos todos os seus cursos no vídeo, gratuitamente à disposição de quem quiser. Nem por isso o MIT parou de receber os melhores alunos do planeta. A educação que se pode obter numa escola de excelência não se resume às aulas: há um processo, um contexto, um ambiente, um contato com professores, tutores e colegas que são insubstituíveis.

A aula expositiva, gravada no vídeo, é apenas um dos elementos de um contexto, e certamente não é algo cujo impacto possa ser apreciado isoladamente. Uma avaliação pode demonstrar que alunos aprendem tanto em Boston quanto em Xangai, mas a experiência educacional da aprendizagem e a experiência social do convívio pessoal com grandes mestres e colegas brilhantes continuam insubstituíveis. Mas, ao mesmo tempo, são inegáveis os benefícios de poder assistir a aulas de professores do MIT em qualquer lugar do mundo.

A outra questão refere-se às limitações do contexto em que as tecnologias são usadas e avaliadas. Várias tecnologias podem fazer muito do que fazem os professores. A questão é que diversas vezes elas podem fazer significativamente mais, diferente ou bastante melhor do que eles: o meio é a mensagem. Avaliar o poder e o impacto das tecnologias apenas comparando-as com a aula convencional é como comparar uma corrida em que um dos corredores fica com os pés atados para não superar o concorrente e sem direito a usar seus poderes ou talentos especiais.

II) **Tecnologias podem enriquecer as aulas convencionais**, mas o impacto costuma ser pequeno e cruel: tecnologias funcionam bem nas mãos dos excelentes professores e mal na mão da maioria. Lousas eletrônicas não transformam um professor medíocre num mestre competente. Bons professores fariam igualmente bem sem as tecnologias. O resultado líquido do uso da tecnologia para enriquecer a sala de aula convencional é pequeno, os custos são grandes e elas acabam contribuindo para aumentar as desigualdades.

> "Tecnologias funcionam bem nas mãos dos excelentes professores e mal na mão da maioria"

III) A nova tendência da tecnologia é **complementar**, assumir papéis complementares. O nome da moda é *blended learning* (MACDONALD, 2008), cuja ideia é que a tecnologia e o professor façam o que sabem fazer melhor. Um excelente exemplo é a proposta da Khan Academy.[5] Nela, o vídeo apresenta os conceitos, a aula expositiva, que pode ser mais ou menos elaborada. O aluno aprende, estuda e, sozinho, faz os exercícios, seguindo a trilha tradicional da aprendizagem: aprender, reter, transferir conhecimentos a novas situações. No processo de estudar, anota as dúvidas para tirá-las com o professor.

O gargalo, deste modo, é ter um professor preparado para tirar dúvidas, fora do conforto das aulas expositivas. Este é um dos caminhos para o futuro, mas que depende de professores muito bem preparados. Para que esse

---

[5] Disponível em: <https://pt.khanacademy.org/>.

modelo produza vantagens financeiras é necessário alterar outras regras, como as de organização e tamanho de turmas, funções do professor ou de outros educadores especialistas em tirar dúvidas e individualizar o ensino.

IV) **Ampliar os meios tradicionais de ensino** sempre foi e continua sendo a grande expectativa a respeito do potencial das tecnologias. Elas podem fazer o que professores, livros ou mesmo vídeos convencionais não conseguem. Mas apesar de todas essas vantagens, reais e potenciais, e apesar do seu impacto na vida das sociedades e das pessoas, as tecnologias digitais ainda não tiveram o impacto esperado na educação. Nos parágrafos anteriores sugerimos algumas das razões para isso. Mas há duas outras importantes considerações.

> "Apesar do seu impacto na vida das sociedades e das pessoas, as tecnologias digitais ainda não tiveram o impacto esperado na educação."

Primeiro, para realizar seu pleno potencial, as tecnologias requerem mudanças na estrutura das escolas, na organização do ensino e das turmas, nas funções do professor e, para se viabilizar, precisam reduzir os custos. No mundo da produção de bens e serviços, a entrada das tecnologias causou profundas alterações na estrutura do trabalho, na divisão de tarefas, no aumento ou redução da força de trabalho e das competências requeridas do trabalhador (os conhecidos fenômenos do *deskilling* e *upskilling*) que foram objeto de muito debate na última década do século passado. Os resultados disso se notam na nova distribuição da força de trabalho, especialmente nos países mais avançados, e nas demandas crescentes por pessoas mais bem educadas e especializadas, em todos os níveis da estrutura educacional. O maior impacto da tecnologia sobre a educação foi aumentar o nível de exigência na formação das pessoas para lidar com as tecnologias (MURNANE; LEVY, 1996).

No mundo da educação, essas transformações estruturais ainda não foram realizadas. Não se trata de mudar a função da escola, mas suas formas de organizar e operar. Professores não usam tecnologias por uma razão simples e compreensível: raramente têm uma razão forte para usá-las e comumente têm motivos de sobejo para não usá-las, especialmente devido às deficiências na infraestrutura. A razão principal é a falta de consequências: usar ou não usar dá no mesmo. Sem que haja flexibilidade e reestruturação do modo de operação das escolas e do trabalho dos professores, dificilmente as tecnologias terão impacto na educação. A maior prova disso é o sucesso dos programas de ensino individual e do ensino à distância, cujo êxito é sempre muito maior do que as tecnologias intermediadas pelos professores: aí se mudou o contexto e aí se obtêm ganhos de flexibilidade e economias de escala.

> "Sem que haja flexibilidade e reestruturação do modo de operação das escolas e do trabalho dos professores, dificilmente as tecnologias terão impacto na educação."

Segundo, as tecnologias terão mais impacto na medida em que puderem explorar o seu pleno potencial para promover a aprendizagem. Um exemplo desse desafio reside na facilidade da tecnologia em promover o acesso à informação. Com poucos cliques, temos acesso a quantidades incríveis de informação, que podem ser apresentadas e relacionadas de diferentes formas: textos, hipertextos, gráficos, quadros, demonstrações, simulações, filmes etc. Nada disso garante maior aprendizagem. Nada disso substitui a necessidade de o aluno aprender conceitos. Nada disso substitui a necessidade de organizar a informação, analisar a sua procedência, estabelecer a credibilidade da fonte e saber extrair conclusões. Um dos maiores desafios, para ficar neste exemplo, é o da falta de hierarquia e critérios que acompanha a revolução da informação: como aprender a distinguir fatos de boatos, opiniões de evidências? Como averiguar a autoridade e autenticidade das fontes numa rede?

A autoridade do professor reside no seu conhecimento do que ensina. A confiança num livro didático ou enciclopédia de boa cepa repousa na reputação da editora e do autor. Um artigo científico repousa na credibilidade do sistema de revisão por pares e no rigor com que ela é exercida. A Internet viabiliza e reflete, em grande parte, a horizontalização e a quebra das hierarquias próprias do mundo pós-moderno. Um dos maiores desafios para a escola do século XXI é capacitar os alunos a identificar e usar os critérios que permitiram à humanidade distinguir o verdadeiro do falso, o que tem e o que não tem valor, os critérios para atribuição de mérito e valor e assim fazer avançar o conhecimento científico que impulsiona as descobertas e viabiliza o progresso. Ainda não aprendemos a lidar com isso, e na transição aparecem mais os efeitos negativos do que o potencial criativo e libertador das novas tecnologias.

> **A credibilidade da Wikipedia**
>
> Os pesquisadores Imogen Casebourne, Chris Davies, Michelle Fernandes e Naomi Norman, da Universidade de Oxford, examinaram cerca de 150 tópicos científicos na internet e os compararam a enciclopédias tradicionais de elevada reputação. Na esmagadora maioria dos casos os analistas concluíram pela qualidade superior da informação obtida na Wikipedia. Tudo indica que, pelo menos no âmbito da rede mundial de computadores, a comunidade dos internautas vela pela boa qualidade da informação. Mas isso não resolve o problema das fontes, de sua credibilidade e da autoridade: o termo "autoridade" vem de autor.

Cabem os alertas de sempre: tecnologia não é vacina, não elimina o esforço e não vai tornar mais fácil aprender. Ela pode tornar a aprendizagem mais interessante, mais rica ou mesmo possibilitar a aprendizagem precoce de conteúdos e habilidades que hoje são ensinadas muito mais tarde ou sequer são ensinadas. Mas não elimina a necessidade de atenção, concentração, esforço e dedicação para poder dominar um conjunto de conhecimentos ou uma nova habilidade. Mas não nos deixemos cair em tentação.

Em sua passagem pela Ilha de Capri, de volta para casa após conquistar Troia, Ulisses amarrou-se aos seus marinheiros para não se deixar conquistar pelo canto das sereias. A ideia de que não precisaremos mais aprender fatos fundamentais da aritmética, praticar e resolver problemas, ler livros longos com vários capítulos ou aprender a conjugar verbos é falsa e perigosa. A ideia de que uma bela simulação de meia hora sobre equações de segundo grau vai substituir a necessidade de fazermos centenas de problemas é rigorosamente falsa. A ideia de que basta saber escrever frases com menos de 140 toques é suficiente para assegurar nossas competências de escrita é enganosa. Igualmente falsa a ideia de que não precisamos aprender sintaxe para entender frases que o computador mal assimila, como "ele para para pensar" (qualquer editor de texto, mesmo o mais avançado, indica erro sintático ou ortográfico). A ideia de que, por causa do computador, não mais precisaremos investir pelo menos 100 horas de esforço para aprender qualquer habilidade num nível elevado de proficiência também é falsa. A ideia de que o cérebro dos nativos digitais sofrerá uma mutação abrupta e os habilitará a aprender sem prestar atenção ou a realizar tarefas múltiplas ao mesmo tempo terá de esperar alguns séculos para se comprovar.

Vejamos o que dizem alguns dos mais renomados matemáticos franceses a respeito do tema (BALIAN ET AL., 2004, p 11). A citação é longa, mas vale o esforço:

> "Desde a escola primária, e depois na escola média e secundária, os alunos devem aprender a escrever de verdade, o que supõe, antes de mais nada, dominar a ortografia, a gramática, a conjugar verbos e a fazer redação de diversos tipos: récita, descrição, ensaios de tipos diversos e dissertação. Isso é fundamental, pois um texto científico é um gênero de redação e, mais profundamente, qualquer reflexão ou pensamento se desenvolvem quando escrevemos."

Depois de reiterar a importância da literatura acrescentam: "[...] para muitos matemáticos e cientistas, é pela literatura e pela poesia que desenvolvemos nosso senso de beleza e estética". E continuam: "depois do ensino da língua, o saber mais fundamental são os números e as operações: contar, somar, diminuir, multiplicar, dividir, [...] medir grandezas e localizar-se no espaço".

Criticando propostas modernas (como as contidas nos Parâmetros Curriculares Nacionais de Matemática) que sugerem ser preciso começar por dar aos alunos o "sentido" das operações antes de praticá-las, os autores observam que "as operações com os números não adquirem sentido senão nas suas relações umas com as outras. O número 342 é também 3 vezes 100, mais 4, vezes 10, mais 2.

O grande risco de pensar que os computadores podem ou irão substituir os penosos métodos de aprendizagem (a necessidade de esforço e reflexão) é condenar os alunos a encontrarem seus caminhos por si próprios. A chance de isso ocorrer é muito pequena, sobretudo para aqueles que provem de ambientes sociais e culturais mais desfavorecidos. O paraíso na terra é uma promessa das ideologias do progresso da Idade Moderna, mas até hoje ela ainda não se configurou nem no campo econômico, nem nas relações sociais, nem na aprendizagem induzida por um *fiat* ("fazer") tecnológico. Até lá será de bom alvitre continuar a ensinar as crianças a estudar, a se esforçar, a prestar atenção, a estabelecer prioridades e a concentrar o foco naquilo que deve ser objeto de aprendizagem, de preferência com a ajuda dos computadores e os modernos meios de comunicação.

Computadores e seus sucessores tecnológicos certamente irão alterar a forma de aprender, individualmente, em pares e grupos, e, consequentemente, as formas de organização formal do ensino. Mas até lá vale o ditado popular: prudência e caldo de galinha não fazem mal a ninguém. A tecnologia nos incita a ousar e devemos ousar. A prudência nos ensina a não colocar todos os ovos na mesma cesta.

Tira-teima

Faça você mesmo o experimento!

Aproxime-se de uma pessoa que está envolvida e absorta, digitando algo. Inicie uma conversa com ela. Observe que ela continua a digitar, pelo menos durante alguns segundos, talvez até durante alguns minutos, como frequentemente observamos em pessoas que digitam e conversam ao telefone.

Aproxime-se de uma pessoa que está escrevendo a mão. Siga o mesmo procedimento. Você observará que a pessoa vai parar de escrever.

Escrever a mão requer concentração mental que vai além da atividade motora, pois a mente humana tem fortes limitações cognitivas, motivo pelo qual escrever a mão desenvolve a ortografia e a capacidade de redigir. Por essa mesma razão que não devemos dirigir carros e digitar no telefone celular ao mesmo tempo.

Um dos desafios para a tecnologia será substituir capacidades como essas, que serão abolidas quando todos deixarem de aprender caligrafia e de usar a escrita manual.

Em síntese

Apresentamos dez questões que constituem fundamentos ou instituições importantes em qualquer sistema educativo. Algumas são mais importantes que outras, mas todas precisam existir. Quanto maior a consistência entre elas, maiores as chances de resultados mais robustos.

Qualquer que seja o arranjo institucional, a educação é um sistema complexo, envolve múltiplos atores e nunca se encontra em estado de completo equilíbrio: reformas que funcionam num determinado momento podem não ser eficazes em outro. Mudanças num vetor podem requerer mudanças em outras.

O sucesso de políticas substantivas e de reformas educacionais está condicionado à solidez dos pilares e instituições descritas neste capítulo. A cultura, as rotinas, as regras e as tradições falam muito mais forte do que tentativas voluntaristas de mudar estruturas ou procedimentos. Há espaço para estabelecer prioridades e políticas substantivas, como as descritas no próximo capítulo, mas sua eficácia dependerá em grande parte da existente da cultura da educação, impregnada em instituições permanentes e sólidas.

06

REPENSAR ESTRATEGICAMENTE AS POLÍTICAS E SUA ARTICULAÇÃO

Há duas formas de promover reformas na educação. Uma delas é criando e desenvolvendo as instituições que, por sua vez, criam e atualizam a cultura da educação e viabilizam as reformas e as adaptações que se fazem necessárias. Essas tendem a ser mais importantes e mais duradouras. No capítulo anterior foi discutida essa estratégia de reforma. Neste, analisamos outra forma de promover reformas, por meio de políticas substantivas relacionadas com os diversos segmentos de um sistema educativo. Havendo instituições sólidas, sua implementação se torna mais viável. À falta delas, podem ser usadas estrategicamente para desenvolver ou consolidar instituições.

No Brasil não procedemos assim. Não há cultura de planejamento. As decisões são tomadas por espasmo. Projetos e programas são decididos e implementados na correria, sem medir custos ou consequências. Na falta de ação baixam-se leis, decretos e portarias (o reflexo disso foi apontado no Capítulo 2).

Sistemas sociais possuem organicidade. A ideia de sistemas e ciclos é própria dos seres vivos e, portanto, também do ser humano. Por isso, os sistemas sociais e educacionais instituídos pelos seres humanos se organizam em ciclos, fases e etapas. Os ciclos dos sistemas escolares em todo o mundo apresentam bastante similaridade na sua estruturação, embora sofram variações, já que precisam se adaptar aos novos desafios. Eis algumas características:

I) Geralmente, há uma etapa para a infância, para a escola elementar, uma etapa intermediária e o nível superior.

II) Os ciclos elementar e o superior são os mais antigos e mais semelhantes entre os diversos países no que se refere à sua natureza e função.

III) A maior diferença entre os países se encontra na etapa intermediária, ou seja, no ciclo médio. Em todos os países do mundo, exceto no Brasil, o ciclo médio é diversificado e os países oferecem opções acadêmicas e/ou profissionais.

IV) A educação infantil ainda é algo muito recente do ponto de vista histórico e há diferenças culturais, propostas e práticas pedagógicas muito diferentes para esse ciclo. Inclusive é forte o questionamento sobre sua natureza, função e sua relação com o setor da educação formal.

V) Quanto à duração, a convergência também é grande: o ciclo elementar varia de sete a nove anos, o ciclo médio de três a cinco anos e o ensino superior entre três e cinco anos, sem falar na pós-graduação.

VI) A passagem entre os ciclos pode ter restrições ou regras de acesso, especialmente entre o fundamental e o secundário e entre o secundário e o superior.

Registramos aqui alguns breves apontamentos que poderiam ajudar o Brasil a repensar suas políticas substantivas para essas diversas etapas, bem como a articulação entre elas. Trata-se de questões nacionais, não de questões federais, pois muitas delas podem ser tratadas ou iniciadas no âmbito estadual ou até mesmo municipal.

1) Políticas para a Primeira Infância

Investir na Primeira Infância é o investimento de maior taxa de retorno. E a pré-escola já é tarde! Os avanços da Ciência do Desenvolvimento Humano confirmam as teses do laureado economista James Heckman (CARNEIRO; HECKMAN, 2003):

> "Na nova economia do conhecimento, o investimento mais rentável de uma nação é a educação; e dentro da educação, esse investimento se torna mais rentável quando começa na Primeira Infância: habilidades geram novas habilidades. Mas para colher os frutos do investimento inicial é necessário que a continuidade seja assegurada e de boa qualidade."

Essa descoberta lhe valeu um Prêmio Nobel. A ciência do desenvolvimento humano confirma o dito popular: é de pequenino que se torce o pepino! Pré-escola já pode ser tarde, especialmente para a enorme faixa de brasileiros que dependem da educação para mudar de patamar de vida.

Figura 6.1 *Esta figura mostra como cada dólar investido na Primeira Infância tem maior potencial de retorno para a sociedade do que em qualquer outra época da vida*

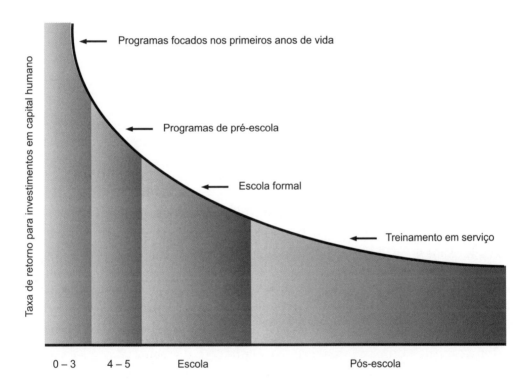

Investir nessa etapa da vida oferece diversas janelas de oportunidade para o país. Não há dúvidas de que uma boa escola pode mudar a vida das pessoas. Mas isso ocorre dentro de limites que são fixados em grande parte pelo ambiente e pelo nível socioeconômico onde a criança nasce. A boa notícia é que nos primeiros anos de vida o espaço para alterar essas limitações é maior, muito maior do que sempre se pensou.

O economista Sean Reardon (2011), da Universidade de Stanford, observa que o impacto do nível socioeconômico sobre o desempenho escolar já é muito grande quando as crianças entram na escola, mas não aumenta muito ao longo da escolaridade: as diferenças tendem a se manter constantes. Mas há uma exceção: uma boa pré-escola pode reduzir significativamente o impacto dessas variáveis externas, dando melhores condições de largada às crianças. É isso que ilustra a Figura 6.2.

Figura 6.2 *Essa figura mostra que as variáveis econômicas na origem das crianças podem ter impacto reduzido com uma pré-escola de qualidade (REARDON, 2011. In: DUNCAN; MURNANE, 2011)*

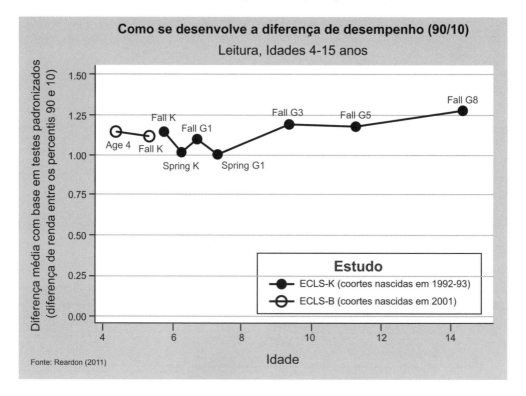

Fonte: Reardon, 2011

Essa figura apresenta duas informações importantes para a formulação de políticas públicas. Primeiro, que o espaço da escola para superar diferenças extraescolares é muito limitado, mesmo já a partir dos primeiros anos do ensino fundamental: as diferenças tendem a permanecer constantes. A segunda informação é mais importante: essa dinâmica não se faz verdadeira nos anos pré-escolares, onde há um significativo espaço para mudar a criança de patamar.

Sabemos algo sobre o que é necessário fazer, como fazer e o que produz melhor impacto sobre o desenvolvimento infantil. Os estudos de Hart e Riley (1985) sintetizados na Figura 6.3, permitiram entender como a transmissão social da pobreza e seus efeitos na aprendizagem se dão, sobretudo, pela linguagem e pelo vocabulário. Entre os vários fatores associados ao desenvolvimento infantil, a linguagem e a aquisição de habilidades de autorregulação constituem fatores decisivos para mudar a trajetória de desenvolvimento das crianças, especialmente as que provêm de ambientes socioeconômicos mais desfavorecidos.

Figura 6.3 *Diferença do número de palavras que compõem o vocabulário de crianças entre 10 e 36 meses de idade em função da origem familiar*

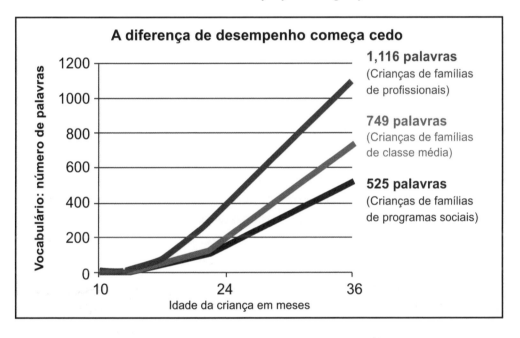

Entretanto, sabemos mais: é antes do nascimento e nos primeiros anos de vida que mais chances temos de mudar essa trajetória. Mesmo antes da escolarização formal o impacto de uma boa educação infantil pode mudar o patamar em que a criança vai iniciar a sua escolaridade. Ou seja: parece haver uma janela de oportunidade que, quando bem explorada, pode mudar significativamente a trajetória de vida das crianças de ambientes socioeconômicos mais desfavorecidos. A pré-escola já pode ser tarde. Porém educação infantil não significa um sistema escolar que começa no berço, tampouco simplesmente construir creches.

Como formular políticas para a Primeira Infância? Que fatores devem ser levados em consideração? O que sabemos a respeito do que fazer, de como fazer e do que não fazer?

No Brasil se confunde educação infantil com creche, qualidade de educação com atendimento a reivindicações de professores e pré-escola com uma escola que vem antes da outra, com a mesma cara, o mesmo formato, apenas com alguns brinquedos a mais. Para reduzir as desigualdades sociais via educação é preciso fugir desses lugares comuns e entender o que faz diferença na educação infantil. Fora disso teremos creches para todos, mas de qualidade tão duvidosa quanto à de nosso sistema escolar.

Há três fontes de referência obrigatórias para repensar políticas de Primeira Infância. Uma delas é o livro *From neurons to neighborhoods: the science of early childhood development*, de Shonkoff e Phillips (2000), que sintetiza os principais avanços da chamada "ciência do desenvolvimento humano". Ali se encontram os fundamentos científicos para embasar políticas, programas e intervenções eficazes. Outra fonte são os estudos realizados no âmbito da OCDE e publicados a partir de 2001 numa série intitulada *Starting strong: early childhood education and care*. Esses estudos documentam o processo que os países mais desenvolvidos vêm percorrendo para lidar com os desafios da Primeira Infância em face de uma economia baseada no conhecimento das pessoas. Há duas observações importantes para guiar a leitura desses relatórios. Primeiro, os países têm procurado desenvolver políticas compreensivas, não limitadas à oferta de creches. Segundo, os países têm procurado desenvolver políticas flexíveis com foco na família.

Uma terceira fonte são os inúmeros estudos e análises empíricas sobre o impacto de instituições e intervenções de educação infantil, literatura cujo rigor científico e técnico aumenta a cada ano. Hoje podemos desenvolver políticas e intervenções para a primeira infância com base em sólidas evidências científicas. Não há mais espaço para amadorismo ou improvisação. Há *sites* especializados como o Center of Developing Child da Harvard University,[1] liderado por Jack P. Schonkoff, e do Centro de Excelência para o Desenvolvimento da Primeira Infância,[2] liderado pelo professor Richard Tremblay, da Universidade de Montreal. No Brasil, o portal Radar da Primeira

---

[1] Disponível em: <(http://developingchild.harvard.edu/)>.

[2] Disponível em: <www.excellence-earlychildhood.ca>.

Infância[3] desempenha esse papel. Com base nessas referenciais, eis alguns apontamentos para promover políticas para a Primeira Infância com foco na equidade:

I) O objetivo de uma política de Primeira Infância deve ser ambicioso: assegurar que toda criança atinja o seu potencial, independentemente do nível de renda de seus pais. Isso requer dois movimentos simultâneos: (1) evitar ou eliminar fatores de risco e (2) promover fatores que ajudem no desenvolvimento infantil.

II) A pobreza é o maior inimigo da infância. Tudo que está associado a ela são fatores de risco que, em nível elevado, também são denominados "fatores tóxicos": desemprego, famílias desestruturadas, drogas, falta de saneamento, baixa escolaridade dos pais, inflação etc. Tudo que serve para combater a pobreza ajuda a eliminar ou reduzir os "fatores de risco".

III) Os genes são importantes, mas não determinam tudo: o que acontece com a criança antes de nascer e nos primeiros meses e anos de vida não apenas modifica a expressão dos genes como afeta o comportamento dela para o resto da vida. Por isso o investimento inicial bem focado é mais produtivo: política de Primeira Infância começa prevenindo gravidez juvenil, orientando as futuras mães, aumentando as chances de a grávida fazer a primeira consulta nas 12 primeiras semanas de gravidez, desenvolvendo um sistema de saúde, proteção e assistência social bem antes da criança nascer. Uma política eficaz visa mudar o contexto em que a criança é gerada e em que vive, não é focada apenas na criança, muito menos em creches.

IV) Creche é ótimo para as mães, mas não é necessariamente bom para as crianças, como foi analisado por Daniel Santos (2013). Creches podem ter efeitos muito negativos, especialmente quando eliminam a proteção, cumplicidade e privacidade do lar, mesmo o lar mais pobre, sem oferecer nada melhor em troca. Nem só de merenda escolar vive a criança.

V) O essencial para a criança se desenvolver e se adaptar ao mundo é ter pelo menos um adulto com quem ela possa contar, de forma estável e confiável. Ajuda muito a forma como esse adulto interage com a criança e a auxilia a conhecer a si mesma, aos outros e ao mundo. É muito difícil, talvez impossível, criar instituições para substituir os pais. Qualquer que seja a

---

[3] Disponível em: <www.radardaprimeirainfancia.org.br>.

situação da família onde a criança vive, o que os governos podem fazer para substituir a família é sempre algo muito limitado.

VI) Os países desenvolvidos têm procurado desenvolver formas alternativas de atendimento às famílias, e não uma só forma, como se pretende com as creches no Brasil. Os países nórdicos oferecem a bolsa-mãe e a bolsa-pai. Outros têm mães crecheiras (mulheres que cuidam de crianças e para isso recebem um auxílio governamental), centros comunitários, programas de visitação, todos com objetivos e graus de sucesso diferentes. O nome do jogo é diversificar as formas de atendimento, com foco na família e suas necessidades.

VII) O Brasil possui algumas iniciativas interessantes. Na área da saúde existem políticas e programas que valem a pena conhecer melhor, como os do sistema de Saúde do Paraná, o Mães de Minas (MG) e a Estratégia Brasileirinhas e Brasileirinhos Saudáveis (EBBS), uma iniciativa do Ministério da Saúde com coordenação técnica da Fundação Oswaldo Cruz (Fiocruz). A Fundação Maria Cecília Souto Vidigal (FMCSV) desenvolveu e avaliou uma estratégia de atendimento integrado de comprovada eficácia, o Programa Primeiríssima Infância que, em 2013, passou a se chamar Programa São Paulo pela Primeiríssima Infância, totalizando 41 municípios atendidos.

VIII) Outras iniciativas que envolvem componentes de assistência e educação já foram avaliadas ou se encontram em estágio de avaliação, como o Programa Primeira Infância Melhor (PIM), no Rio Grande do Sul, o Programa Nova Semente (Petrolina), o Programa Família que Acolhe (Boa Vista), o programa Primeira Infância Completa (PIC), no Rio de Janeiro, e vários outros. O objetivo aqui é ressaltar que existem inúmeras alternativas além da estreita, limitada e inviável concepção das creches que vem sendo promovida como a única forma de atendimento às crianças habilitada a receber recursos públicos no Brasil.

IX) Formar o hábito de leitura desde o berço, ou melhor, "desenvolver o amor pelos livros na criança", usando a linguagem de Rubem Alves, constitui a melhor vacina contra o fracasso escolar.

Políticas para a Primeira Infância requerem financiamento adequado e processos de articulação institucional que são necessariamente complexos, mas só se tornam viáveis se concebidos e implementados a partir de uma cultura comum e de uma estrutura operacional simples, em que cada área mantenha sua autonomia operacional. Estruturas burocráticas são rígidas e respondem a muitas outras lógicas e instâncias. No nível municipal, por exemplo, envolve no mínimo as secretarias de Assistência Social, Saúde e Educação. A implementação eficaz de políticas nessa área, por sua vez, requer estratégias que respeitem a independência e a lógica de funcionamento próprias de cada setor, que levem em conta a família e o contexto em que a criança vai nascer e se desenvolver.

O mais importante: creche não é sinônimo de política de Primeira Infância. Muito menos essas que estão sendo construídas a toque de caixa pelo Brasil afora, sem uma institucionalidade definida e sem uma sólida política de formação de educadores e de envolvimento das famílias. Para viabilizar políticas para Primeira Infância é preciso repensar a ideia de que Primeira Infância é sinônimo de escola, de que a única forma de atendimento é via creches e, consequentemente, que a única fonte de financiamento tem que passar pelo Fundeb e pela concepção escolar que aprisiona a educação infantil.

> "Creches não são sinônimos de política de Primeira Infância."

Há outros conjuntos mais gerais de medidas que podem contribuir para minorar as dificuldades enfrentadas pelas famílias mais necessitadas. Uma delas é a regulamentação, ou mesmo estímulo, ao trabalho em tempo parcial das mães após a licença maternidade. Outra medida é tornar mais eficaz a legislação sobre a ajuda de custo devida pelos pais. A imposição de multas ou o risco de prisão, em detrimento de medidas de conciliação ou outras formas mais eficazes de assegurar recursos para pagar a bolsa alimentação, acaba gerando uma relação conflituosa num momento em que a colaboração de pai e mãe poderia ser mais benéfica para as crianças.

No plano das cidades, especialmente nos bairros mais pobres, medidas que ajudam a fortalecer os laços sociais locais incluem a criação de espaços como praças, jardins, *playgrounds*, centros sociais e estímulos à formação de zonas residenciais com populações de diferentes níveis socioeconômicos, bem diferente do que hoje ocorre com os conjuntos habitacionais típicos de programas como o Minha Casa Minha Vida.

2) Políticas para o ensino fundamental

De todos os níveis de ensino, o fundamental é aquele em que é relativamente mais fácil obter consenso a respeito do que se deve ensinar, pelo menos nas séries iniciais. O ponto de partida é claro: o ensino fundamental começa ensinando o aluno a ler, escrever e contar. O ponto de chegada também é claro: dar condições ao jovem para entrar diretamente no mercado de trabalho ou para continuar os estudos. O jovem só poderá ter opções ao final dessa etapa se efetivamente adquiriu as competências que lhe permitam seguir um ou outro caminho. Como já discutimos, um teste como o do Pisa oferece importantes pistas a respeito do que todo cidadão do século XXI deveria saber por volta do final do ensino fundamental. O que a maioria dos países desenvolvidos vem fazendo nos últimos anos é repensar os seus currículos de ensino fundamental para se adaptar aos novos tempos.

O Brasil ainda carece de um currículo para o ensino fundamental, mas não errará muito se conseguir se inspirar na experiência de outros países, não há muito que inventar. Um grande desafio é assegurar um currículo robusto nas áreas centrais (Língua Portuguesa, Matemática e Ciências), garantir tempo adequado para atividades físicas e reduzir o número e a obrigatoriedade de outras disciplinas, de forma a deixar espaço para a escola e os alunos aprenderem a exercitar opções.

Mas o currículo é apenas o ponto inicial. A partir dele há uma série de outras instituições e componentes que precisam ser implementados ou modificados para iniciar um processo de reforma educacional, conforme analisado no capítulo anterior. O que fazer e como fazer é conhecido e existem bons modelos de outros países que podem servir de inspiração.

No restante dessa seção exploramos duas ideias que poderiam servir como estratégias para provocar mudanças profundas no ensino fundamental. Elas poderiam ser implementadas de forma isolada ou, idealmente, de maneira articulada. São elas a implantação de (1) uma estratégia de políticas de municipalização e (2) uma política consistente de expansão para o atendimento em tempo integral. A municipalização pode ocorrer sem o tempo integral, mas este, para ser economicamente viável, depende de um comando único da rede.

I) Municipalização como estratégia de melhoria do ensino fundamental. O avanço ocorrido no ensino fundamental desde 1995, quando foram aplicados os primeiros testes padronizados é pífio. Melhoramos algo nas séries iniciais, mas os beneficiários foram sobretudo os alunos de nível socioeconômico mais elevado. E melhoramos quase nada nas séries finais.

A Constituição Brasileira e a Lei de Diretrizes e Bases da Educação Nacional (LDBN) indicam a municipalização como o caminho a ser seguido para o ensino fundamental. Com vimos no Quadro 3.3, o grau de municipalização no Brasil ainda é relativamente baixo. Nas séries iniciais é de 69%, variando de 50% a quase 100% em algumas unidades federadas. Nas séries finais o grau de municipalização é de 39% e varia de 2% a 83% nos diferentes estados (CENSO ESCOLAR, 2013).

Também vimos que não há diferença significativa entre redes estaduais e municipais. Portanto é preciso repensar e adotar estratégias mais eficazes. Aqui sugerimos que a municipalização seja usada como estratégia para promover reformas mais radicais que afetem a qualidade do ensino fundamental.

Nos Estados onde foi implementada de forma mais cabal, a municipalização também não indica perda de qualidade. Portanto, a existência de duas redes não gerou estímulos ou competição por qualidade, como também não gerou modelos pedagógicos ou gerenciais inovadores. Do ponto de vista de eficiência também não se justificam duas redes. Elas só existem por razões históricas e políticas, no sentido de manter reservas de poder para nomear e demitir funcionários nas escolas e delegacias regionais. Nada há o que aprender, exceto que a existência de duas redes constitui enorme fonte de desperdício de recursos e arena fértil para disputa de poder entre estados e municípios.

> "A existência de duas redes constitui enorme fonte de desperdício de recursos e arena fértil para disputa de poder entre estados e municípios."

As razões para haver um comando único da rede pública no município são várias, mas a eficiência é a maior delas, o que se torna mais relevante ao se expandir o ensino de tempo integral. A outra razão importante é a responsabilização: sem comando único, nem o prefeito, nem o governador se responsabilizam efetivamente pelo ensino fundamental. Caberá ao juiz decidir. Para pensar em estratégias, é necessário "sair da caixa" e examinar a realidade a partir de diferentes ângulos.

No capítulo anterior apresentamos sugestões para promover a municipalização e a simplificação dos mecanismos de repasse e de acesso a recursos. Sugerimos também a adoção de critérios diferenciados de acordo como tamanho dos municípios. O passo adicional é vincular o acesso a recursos adicionais a condicionalidades que efetivamente promovam a melhoria da qualidade da educação – como, por exemplo, a adoção de currículos robustos, novas carreiras para professores e mecanismos simplificados de gestão escolar.

A ideia de consórcios regionais para atender um determinado número de pequenos municípios, auxiliando na gestão e no custeio (desde que livre de exigências e controles externos) poderia ajudar na busca de soluções comuns para problemas comuns, como estratégias de transição, supervisão e avaliação, por exemplo. Soluções simples para problemas simples.

O governo federal, em articulação com os governos estaduais, assim como os próprios governos estaduais de forma independente, poderia induzir essas mudanças no contexto de processos de municipalização associados a programas de financiamento e/ou de incentivos. Há modelos de lidar com isso já citados, como o Simples, a Lei Hobin Hood, e conhecidos mecanismos de transferência de recursos *per capita* em bloco. Mas como a inércia é grande, talvez seja mais estratégico ampliar o problema para aumentar o apetite por soluções mais arrojadas.

II) O tempo integral como estratégia de reforma. Como em tudo na educação, o Brasil começou a estimular o tempo integral da forma equivocada, como o fez para sua política de expansão desde os anos 1960: cria remendos, puxadinhos, situações de fato que depois são repassadas para a conta do município. Até na terminologia se cria confusão (ora se fala em educação integral, para a qual vale tudo, ora em mais educação, onde tudo vale). O Programa Mais Educação levou essa ambiguidade ao paroxismo, com uma agravante: nesse programa, o governo federal atua diretamente junto com escolas, sem consulta às redes de ensino, levando-as a aumentar a oferta dos seus serviços. Depois de criar os fatos consumados, as escolas passam a conta para os municípios. Os resultados dessas iniciativas em termos de melhoria do desempenho dos alunos são modestos, nos melhores casos (SOARES; RIANI; NÓBREGA; SILVA, 2014).

Alguns desacertos mostram como o caminho que vem sendo percorrido para promover o tempo integral dificilmente terá condições de dar bons resultados. Primeiro, parlamentares, governadores de estados e prefeitos se omitem diante das intervenções diretas do governo federal. É curioso e sintomático que instituições como o Senado Federal (guardião dos princípios federativos), governadores, as associações de prefeitos, o Conselho Nacional de Secretários de Educação (Consed) e a União Nacional dos Dirigentes Municipais de Educação (Undime) guardem silêncio sepulcral a respeito dessa forma abusiva de intervenção do governo federal.

Esse silêncio revela a capacidade e o poder de cooptação do governo federal, além da impotência ou indiferença dos demais diante da devastação. Mas quando isso está aliado à falta de resultados, também revela o perigo de se manter, tamanho o grau de poder nas mãos da União, ao arrepio da Constituição Federal e do conceito de federação como um "pacto". Aqui não temos pacto, temos apenas quem paga o pato, sem qualquer benefício visível. O maior mal dessa estratégia é que ela aumenta as expectativas e cria situações de fato que tornarão inviável ou caríssima a universalização do tempo integral nos municípios que foram vítimas do Programa Mais Educação.

Outro grande equívoco ocorre ao se abordar a questão da construção de prédios escolares, na qual os governantes parecem fixar sua atenção. Muitos creem que é possível fazer puxadinhos e adaptar as instalações atuais para implementar uma estratégia de tempo integral. Muitos também alegam como principal obstáculo a dificuldade de construir prédios ou de obter terrenos. Se isso fosse verdade, não existiriam metrôs nem teria havido a Copa do Mundo de 2014. São problemas, sem dúvida, mas resolvíveis quando há determinação. Frequentemente a utilização de prédios em outras localidades fora do território da escola requer o uso do transporte escolar urbano, o que já vem comprometendo os orçamentos municipais e contribuindo para aumentar os problemas de trânsito nas cidades.

Outro erro comum é a tal "escola-padrão", tão cara e inviável que além de não servir de padrão inviabiliza a continuidade da ideia. Apesar do fracasso com os Centros Integrados de Educação Pública (CIEPs), do Rio de Janeiro, popularmente chamados de Brizolões (em referência ao então governador Leonel Brizola), e das creches promovidas pelo MEC, alguns municípios insistem em seus projetos faraônicos e de universalização inviável.

Um grande equívoco é a ideia que vem sendo implementada na prática, por falta de planejamento, de que será possível expandir o tempo integral com o atual regime de trabalho dos professores previsto na lei do Piso Salarial e com o nível atual de ineficiência: quase dois professores contratados para cada turma. O sistema de remuneração de professores, hoje, inviabiliza uma estratégia de tempo integral, mesmo que se gastassem 10% do PIB só com o ensino básico. Como já vimos, um professor trabalha 66% do tempo para o qual é contratado e as redes de ensino pagam em média dois contratos de trabalho para cada turma de alunos. Com o tempo integral esses custos dobrariam, mas não existem recursos. A regra precisaria mudar antes de se começar a ampliar esse tipo de oferta.

> "O sistema de pagamento de professores, hoje, inviabiliza uma estratégia de tempo integral, mesmo que se gastassem 10% do PIB só com o ensino básico."

Finalmente, o grande equívoco, comum às reformas feitas de maneira açodada, é a falta de uma proposta para o que fazer com o tempo integral. Se não for para melhorar o ensino, justificam-se os custos? No pouco que temos de tempo integral sobressaem-se duas tendências: de um lado, a ideia de segundo turno como a escola risonha e franca; de outro, a escola que aumenta o número de disciplinas e ocupa o aluno com 40 ou mais aulas por semana, não deixando qualquer espaço para que ele possa respirar, pensar ou tomar iniciativas de qualquer natureza.

Os políticos e os governantes já criaram a "demanda" e suscitaram expectativas para o tempo integral. Mesmo sem ter feito as contas e sem propostas consistentes para essa nova forma de operar as escolas, já existem "metas" para serem cumpridas: é a velha história de sempre fazer mais, apressadamente e sem planejamento.

Algumas medidas seriam necessárias para implementar uma política racional e factível de tempo integral. A precondição é saber o que se vai fazer no tempo integral, como o tempo será dividido entre as várias tarefas e como aumentará a flexibilidade de opções para escolas e alunos. Outro aspecto é o custo: dado o tempo que alunos e professores passarão na escola, é preciso repensar as carreiras e formas de remuneração dos professores, bem como criar espaços para contratação de professores e outras pessoas fora das exigências rígidas dos planos de carreira, pois esta é a única forma de assegurar opções para escolas e alunos.

Antes de expandir é preciso equacionar os custos de operação da rede total: o que vai dentro da escola tem que caber dentro dos recursos do Fundeb e a política tem que ser capaz de abranger toda a rede. Por outro lado, dentro de um plano estratégico, esta poderia ser uma oportunidade única para recrutar professores que já entrariam num novo patamar.

A implementação racional de uma política de tempo integral poderia se basear em projetos de implementação progressiva, de 5 a 10 anos, a partir de regras básicas e de municípios que estivessem em condições de assumir e participar desse empreendimento. Os custos de construção e de transição são relativamente modestos face aos custos operacionais e poderiam fazer parte de um projeto nacional de infraestrutura e cofinanciamento. A localização, tipologia e tamanho de escolas é crítica para evitar ou reduzir ao mínimo a necessidade de transporte escolar urbano.

Tudo isso requer estudos técnicos de complexidade moderada, os quais não podem ser substituídos por modelos e soluções padronizadas em gabinetes instalados em Brasília. Os modelos construtivos adequados para cada município poderiam incorporar importantes dimensões e cuidados com questões ambientais e de funcionalidade, tais como iluminação, ventilação e acústica. Escola onde se passa o dia inteiro não pode ser um puxadinho de uma escola do século XIX.

O mais barato é a infraestrutura

Vejamos os fatos: numa escola de tempo integral, onde passará o dia todo, um aluno requer em média 3 a 4 metros quadrados, cuja construção custa de R$ 2 a R$ 3 mil (se for construída de maneira honesta) e duram pelo menos 50 anos (onde há administração eficiente). Requisitos fortes, mas possíveis. Ou seja: R$ 5 mil de construção duram 50 anos, o que representa um custo anual de R$ 100 por aluno, cerca de 0,03% do atual custo/aluno por ano. Uma construção bem feita e adequada, além de durável e confortável, pode levar em conta os aspectos ambientais e reduzir os custos de manutenção.

Como o objetivo do tempo integral é melhorar a qualidade, só compensa fazer isso se houver, em paralelo, uma nova estrutura de carreiras, de remuneração de professores e o tempo de trabalho docente em sala de aula for equivalente ao tempo do aluno. Carreiras de curto prazo e mecanismos alternativos de contratação de professores e de outros profissionais e técnicos também poderiam contribuir para viabilizar financeiramente um novo tipo de escola. Flexibilidade para implementar novas conformações de turmas, incentivos ao estudo individual e uso de tecnologias poderiam contribuir para aumentar a eficácia e reduzir custos. Sem isso a conta não fecha. Uma medida adicional seria a redução do ano letivo de 200 para 180 dias letivos, considerando o aumento de horas-aula que poderia advir da escola de tempo integral. Isso criaria recursos financeiros para ajudar a financiar a empreitada. Aí a conta poderia fechar.

Os contornos de uma estratégia para estimular municípios a desenvolver uma política integrada para implementação progressiva (5 a 10 anos) do tempo integral são relativamente simples de se delinear. Mas simples não significa fácil ou trivial. Tem que ser bem pensado de A a Z, com muita consistência e muita conta bem feita. O pressuposto é saber o que queremos com o tempo integral, e o que queremos deve ter como objetivo dar melhores condições de escolarização para os alunos que dependem da escola pública. Uma proposta de tempo integral poderia também ser usada como parte da estratégia para induzir a municipalização onde ainda não foi completada, pois sem uma rede integrada será impossível otimizar os custos de atendimento.

Em vez de conceber fórmulas únicas, os governos estaduais poderiam criar estímulos para projetos municipais nessa direção e o governo federal poderia criar estímulos para os estados agirem numa política consistente de municipalização. Um aspecto crítico é fugir da padronização, do modelo nacional único. Somente a exigência de um planejamento bem feito, integrado e com as contas bem feitas e realistas, que caibam dentro do Fundeb. É importante que os projetos estejam acompanhados de políticas e incentivos adequados para promover a melhoria da qualidade: uma nova escola com novos professores e novas propostas. Aí sim, e só assim, vale a pena se falar em tempo integral.

3) Ensino médio diversificado

Atualmente no Brasil o ensino médio é o exterminador do futuro: pouco mais da metade dos alunos chega a ele na idade correta e o nível de perda é superior a 50%. Antes de apresentar sugestões de políticas para o ensino médio, cabe rever as suas principais mazelas.

I) O maior problema reside na concepção de ensino médio unificado e no conceito de "educação geral", que nada mais é do que a subordinação do ensino médio à equivocada, preconceituosa e elitista ideia de que fora da universidade não há salvação.

II) O ensino médio, tal como concebido no Brasil, nada tem a ver com os jovens que chegam a ele. Os dados da Prova Brasil indicam que mais de 80% dos alunos que concluem o ensino fundamental não possuem as competências mínimas para prosseguir estudos. Nada indica que isso mudará nas próximas décadas, a não ser que a educação tome jeito. Mas mesmo que a educação mude para melhor, não significa que o País deveria continuar com sua política excludente ancorada no conceito da "educação geral".

III) De 100 alunos que iniciam o ensino médio, pouco mais da metade consegue concluí-lo e, dos que o concluem, menos de 20% adquirem os conhecimentos mínimos. Os dados do Censo Escolar e da Prova Brasil confirmam essas afirmações.

IV) O mercado de trabalho pune violentamente os alunos que desertam no ensino médio. Um concluinte do ensino fundamental que não prosseguiu os estudos ganha mais do que um desertor do ensino médio, conforme foi ilustrado no Quadro 2.8.

V) A esmagadora maioria dos alunos que opta pelas escolas técnicas no Brasil o faz como trampolim para a universidade, não para se tornarem técnicos (SCHWARTZMAN, 2014b). O ensino médio obrigatório é um pedágio caríssimo que o Brasil tem que pagar, e cujos custos não justificam os benefícios.

VI) O Exame Nacional do Ensino Médio (Enem) se gaba de atrair 8 milhões de participantes em 2014. Ora, em 2013 pouco menos de 2 milhões de alunos concluíram o ensino médio. O que o Enem tem a ver com ensino médio?

As autoridades, empresários, elites, imprensa e formadores de opinião no Brasil se recusam a analisar os dados acima, reiteradamente trazidos à baila por mim e outros estudiosos do tema, especialmente Cláudio de Moura Castro e Simon Schwartzman, que desenvolveram, por exemplo, o estudo "Ensino, formação profissional e a questão da mão de obra" (2013), um trabalho realizado pelo Instituto de Estudos do Trabalho e Sociedade (IETS) por solicitação do Instituto Teotônio Vilela. Ademais, o governo federal, ao lançar o Programa Nacional de Acesso ao Ensino Técnico e Emprego (Pronatec), cria a falsa ilusão de estar viabilizando políticas adequadas de ensino médio ou de formação profissional.

Agora confrontemos a situação brasileira com os *benchmarks*, a experiência bem-sucedida de outras nações. Em nenhum país do mundo existe o conceito de "educação geral" que, no Brasil, é usado para decretar a unificação do nível médio. Em todos os países da OCDE a formação em nível médio se dá de maneira diversificada e os alunos optam por diferentes carreiras: entre 30% e 70% frequentam cursos voltados para o mercado de trabalho. Eles recebem uma educação geral, mas isso não significa que todos são obrigados a seguir um conjunto único e obrigatório de disciplinas. Cada vertente tem a sua maneira de promover a formação e regras de acesso ao ensino superior. Nenhum país possui um sistema unificado de vestibular em que todos os alunos são obrigados a fazer um mesmo teste como o do ENEM. Há países que usam testes padronizados, como o ACT/SAT nos Estados Unidos e seu similar no Chile, mas esses são testes não vinculados a currículos específicos. Nos demais países predomina a diversificação, e muitos o fazem de forma eficiente.

No caso brasileiro, uma condição para o êxito da diversificação do ensino médio seria separar o ensino do credenciamento profissional, de modo a dar maior flexibilidade às formações. O credenciamento ou a certificação pode ser assegurado tanto para instituições quando para indivíduos, mas deve servir para estimular a diversidade, não para padronizar e criar camisas de força. A outra condição é que grande parte da oferta seja operada pelo setor produtivo, de forma a criar laços mais fortes e transformar essa vertente do ensino médio numa verdadeira educação pelo trabalho.

> **Pronatec, o espantador de elefantes**
>
> Um homem batia palmas na esquina quando foi abordado sobre o que fazia: – Estou espantando elefantes! Ao que o interlocutor responde: – Mas aqui não há elefantes... E o homem diz: – Não vê como minha estratégia é eficaz?
>
> O Programa Nacional de Acesso ao Ensino Técnico e Emprego é outra versão dessa história. Na época de maior taxa de emprego da história do Brasil, o Pronatec espanta o fantasma do desemprego. Ninguém está desempregado, logo o Pronatec funciona.
>
> Exatamente para quê? Qual é a evidência de sua eficácia? Como pode ser eficaz um programa em que a oferta de cursos é determinada pela instituição ofertante? Em que 60% dos alunos pegos a laço para compor a matrícula se evadem até de cursos de curtíssima duração?
>
> Um milhão de dólares para quem comprovar que é mais negócio investir no Pronatec do que distribuir os R$ 4 bilhões de reais entre os potenciais alunos. Para ajudar os interessados no prêmio:
>
> - O Pronatec gasta, em média, R$ 3 mil por aluno.
> - Se você investe esses R$ 3 mil pode ganhar cerca de R$ 250 por ano.
> - Será que os participantes desse programa ganham R$ 250 a mais por ano em função dos cursos que fizeram? Se não ganham, não teria sido melhor distribuir o dinheiro diretamente a eles?
>
> Perguntar não ofende: por que não existe avaliação do Pronatec?

Ensino médio, Enem, vestibular e Pronatec são vocábulos e siglas que participam de um mesmo campo semântico. Mas não há solução para o ensino médio sem separar claramente os assuntos. Para avançar é preciso examinar as evidências e os estragos que as políticas de ensino médio, do Enem e da "educação geral" vêm causando aos jovens, ao setor produtivo e à economia nacional. É preciso sair dos limites da caixa. É preciso ampliar o foco e enxergar as pessoas que estão por trás dos problemas do ensino médio: a juventude.

4) Políticas para a juventude

Na administração pública não existem as categorias infância ou jovem, assim como não existem a categorias família ou idoso. Os ministérios e as secretarias especiais que se proliferam em determinados governos e tentam lidar com essas questões mais difusas esbarram em insuperáveis dificuldades práticas: não há estruturas, instrumentos, orçamento ou categoria orçamentária para operar. Por isso, caem no vazio e desaparecem com a mesma facilidade com que apareceram. Não se trata de um problema trivial. Como lidar com os problemas concretos das pessoas de forma eficaz? Como cuidar dos jovens, especialmente num país como o Brasil em que contingentes expressivos de jovens não fizeram nem farão uma trajetória escolar regular?

Quadro 6.1 – *Ocupação dos jovens brasileiros*

		Idade (anos)			
		15-29	**15-17**	**18-24**	**25-29**
Ocupação (%)	Só estuda	21,6	65,4	14,5	2,9
	Estuda e trabalha	13,6	18,8	14,8	8,3
	Só trabalha	45,2	6,5	47,3	67,5
	Não estuda nem trabalha	19,6	9,4	23,4	21,3

Fonte: Síntese de indicadores sociais: uma análise das condições de vida da população brasileira, IBGE, 2013.

Quase metade da população jovem brasileira encontra-se em situação de risco, tendo em vista sua baixa escolaridade e seu despreparo para lidar com os desafios da vida contemporânea. Pelo menos metade dos jovens que chegarão ao mercado de trabalho nos próximos anos terá problemas semelhantes ou maiores do que os enfrentados pela atual geração, a não ser que alguém cuide deles. Para o contingente atual de jovens nessa situação não cabem medidas preventivas. Mas as medidas em curso – Educação de Jovens e Adultos (EJA), Pronatec e outras – vêm se mostrando ineficazes. A razão é conhecida: esses programas insistem em começar exatamente pela área em que os jovens e adultos tiveram dificuldade no passado, que é a área cognitiva.

O caso do EJA é exemplar: como vimos no diagnóstico, o Brasil matricula a cada ano quase 4 milhões de alunos nestes cursos, porém aproximadamente 1/7 conclui alguma de suas etapas. Claramente há um problema de desenho equivocado dessa estratégia, mas as evidências não têm incomodado os governos, que continuam a insistir na mesma tecla.

O *lobby* do EJA é forte: trata-se de um programa que recebe pouca supervisão, exige pouco esforço dos professores e o nível de absenteísmo e evasão dos alunos é altíssimo. Daí porque mais de 15% de todos os professores preferem o EJA, que matricula menos de 5% do total de alunos. Como não há resultados e evidências de sucesso, o programa se sustenta com o argumento da dívida social. Contra o insucesso desse investimento vale considerar: os recursos do EJA, cerca de R$ 6 bilhões anuais, são recursos da educação básica e que, a rigor, deveriam ser destinados a pessoas de até 17 anos. Além de ineficiente, o EJA constitui um sério agravo às iniquidades intergeracionais. Ou seja: lidamos com o saco sem fundo da dívida social operando com uma taxa de desperdício de 90%. Já que sabemos quem são os perdedores com o EJA não seria oportuno perguntar: quem ganha com o EJA e por que seus defensores defendem com unhas e dentes um sistema tão ineficaz?

O caso das escolas técnicas também já foi estudado e é conhecido: as do Senai geralmente formam gente para o mercado, as dos governos federal e estaduais preparam alunos para universidades, pois poucos deles seguem carreiras técnicas (SCHWARTZMAN, 2014b). A verdadeira educação profissional não se faz com professores ou doutores. Somente os mestres de ofício podem servir de modelos de desempenho profissional e são capazes de criar um *ethos* propício à formação de trabalhadores e técnicos qualificados. O modelo das escolas técnicas federais já parte dos pressupostos errados: não tem como dar certo se seu objetivo é preparar quadros para a universidade.

A situação de jovens no Brasil é preocupante e não existem receitas prontas. Já sabemos o que não funciona: EJA, Pronatec, ensino médio acorrentado à educação geral, ensino noturno e coisas do gênero. Ou seja: é pouco provável acreditar que mecanismos de escolarização, com maior ou menor grau de formalização contenham a solução para o problema.

O que poderia funcionar?

Um resumo brevíssimo de evidências colhidas em diversos países sugere o que pode ajudar os jovens nessa condição de risco (DUNCAN; MURNANE, 2011; HECKMAN, 2013):

I) Capacitação e formação profissional não geram empregos nem empregabilidade. São os empregos concretos que podem gerar demanda por capacitação profissional. O foco deve ser no emprego e os programas de formação devem se organizar a partir de empregos que existem. Políticos adoram dar bolsas, mas essas têm efeito negativo. O Pronatec é uma demonstração cabal do erro dessas estratégias.

II) Programas integrados com ênfase no emprego-formação-profissional -educação, nessa ordem, têm mais chance de dar certo. A formação profissional pode funcionar quando atrelada a um emprego real, existente. Uma vez trabalhando e adquirindo proficiência há alguma chance para algumas dessas pessoas se beneficiarem de mais alguma dose de educação formal.

III) Foco no desenvolvimento de habilidades não cognitivas e instrumentais é mais eficaz do que foco naquilo em que o aluno já fracassou na escola formal. A essa altura da vida o ser humano tem maior plasticidade para desenvolver as habilidades não cognitivas do que as cognitivas. Muitas delas são necessárias e suficientes para obter trabalhos que assegurem um nível decente de vida. Insistir na educação formal, sobretudo como exigência pétrea ou como ponto de partida, é insistir no que não dá resultado.

Isso não é tudo o que sabemos, mas pode servir como apontamentos para um início de conversa. Falta identificar protagonistas e instâncias governamentais com apetite para lidar com a questão. Neste caso específico, os empresários decidiram se contentar com o Sistema S, cruzar os braços e, nos anos mais recentes, participar da divisão do butim chamado Pronatec. Como a estratégia de ministérios e secretarias especiais não funciona, caberia tentar soluções nas instâncias que deveriam estar preocupadas com o desenvolvimento econômico do País: os Ministérios e Secretarias de Planejamento e Fazenda.

5) Desafios do ensino superior

Como vimos no diagnóstico, venceu o modelo da expansão: o Brasil oferece uma vaga no 1º ano do ensino superior para cada aluno que conclui o ensino médio. Quase metade dos alunos do ensino superior inicia esse curso depois dos 25 anos de idade e um contingente expressivo de alunos faz mais de uma graduação, tendo em vista a rigidez do modelo. Para efeito de revisão e encaminhamento de algumas propostas para debate, eis os principais gargalos desse nível de ensino:

(I) O arcabouço conceitual, legal e normativo é baseado na ideia de Universidade Hulboldiana do século XIX, cujo pressuposto é que toda instituição de ensino superior deve cuidar do ensino, pesquisa e extensão. A maioria das instituições de ensino superior no Brasil não tem essa vocação e sofre discriminação e elevados custos por ser considerada de nível inferior e fortemente limitada em sua autonomia.

II) Ênfase na profissionalização precoce, com currículos excessivos e dominados pelos interesses das corporações profissionais e de professores.

III) O nível de preparo dos alunos que entram no ensino superior é muito baixo, como já observamos nas notas do Enem (Quadro 2.12). A fraca escolaridade cria uma forte demanda por cursos menos exigentes e pouco interesse por cursos nas áreas de Ciências e Tecnologia.

IV) Enormes ineficiências: em média, menos de 50% dos alunos concluem o curso superior. Aquele que muda de ideia tem que começar do zero.

V) Forte inequidade: os alunos que provêm de lares mais abastados se beneficiam da gratuidade do ensino nas universidades públicas – privilégios curiosamente defendidos até mesmo pelos que se dizem promotores da equidade.

VI) Pouco esforço: os alunos não cotistas, que possuem um *background* e nível socioeconômico muito mais elevado do que os cotistas, logram resultados apenas entre 8 a 17% superiores, conforme o nível de dificuldade do curso (MENDES JUNIOR, 2014).

VII) O custo das instituições públicas é elevadíssimo, tendo em vista o modelo de gestão e a pressão corporativista.

VIII) Os interesses em jogo, no setor público e dos provedores privados são altíssimos e os jogadores, truculentos.

Face a esse panorama, limitamo-nos a traçar algumas ideias que poderiam constituir uma agenda e uma bússola:

I) Cair na real. O modelo predominante do ensino superior no Brasil, como na América Latina, é de formação profissional, com forte provisão pelo setor privado. Portanto, é preciso repensar o modelo ideal de universidade voltada essencialmente a ensino, pesquisa e extensão e promover a variedade institucional, o que estimula a eficiência.

II) Simplificar os currículos e reduzir o número de disciplinas nos vários cursos do ensino superior, os quais deveriam ser reduzidos à metade, com maior ênfase na qualidade e menos na quantidade. Isso também levaria a um potencial aumento da produtividade com menos cursos e cargas horárias para os alunos e os mesmos professores poderiam atender a um número maior de turmas.

III) Flexibilizar. A troca e transferência de cursos associada a diferentes formas de certificação ocupacional em nível de pós-graduação deveria eliminar a necessidade de um indivíduo fazer outro curso superior.

IV) Olhar para o que está ocorrendo no mundo. A rota para encaminhar o ensino superior está traçada pelo chamado Protocolo de Bologna, documento que sintetiza a orientação dada pelos países da Comunidade Europeia ao ensino superior. O caminho não é suave, os países que o subscreveram enfrentam avanços e retrocessos, mas busca-se um equilíbrio entre uma formação efetivamente superior que desenvolva o espírito crítico, a formação profissional e a preparação para especializações e pesquisa.

O inimigo dessas ideias no Brasil se chama corporativismo, tanto das profissões, que desejam manter suas reservas de caça, quanto de professores, que não querem que suas disciplinas desapareçam do currículo. Mecanismos de transição negociados com prudência e competência podem ajudar a mitigar essas barreiras. As exceções, como cursos de Medicina, entre outros poucos, devem ser tratadas como exceção, não constituir barreiras para melhorar o resto do sistema. O caminho parece ser por aí.

6) Educação especial

As estatísticas do Ministério da Educação identificam mais de 300 mil portadores de deficiências emocionais e cognitivas e cerca de 150 mil portadores de deficiências auditivas, visuais ou de locomoção. O número possivelmente é maior. Por exemplo, sequer dispomos de instrumentos para diagnosticar a dislexia, que costuma afetar cerca de 3 a 5% das populações.

Neste livro não abordamos várias questões, entre elas a educação especial ou, mais especificamente, as políticas voltadas para o atendimento a portadores de necessidades especiais. Esta é uma questão importante, mas que não é abordada aqui por falta de espaço suficiente diante de um tema tão complexo e normalmente discutido com forte carga ideológica ou emocional. Mas vale um registro.

A psicóloga russa Elena L. Grigorenko, professora da Universidade de Yale e eminente estudiosa de dislexia, fez uma apaixonada análise dos descaminhos da cultura da educação no seu país durante o II Forum Dyslexia Internacional, realizado em Belo Horizonte em agosto de 2014. Sem saudosismo, referiu-se a um tempo em que a educação na Rússia era guiada por filosofias e princípios pedagógicos robustos e compartilhados, mas que hoje por lá se vive uma total fragmentação de ideias e práticas. Ao tratar da educação especial ela se limitou a dizer: antes tínhamos uma educação especial de qualidade, que era inclusiva, mas também excludente. Hoje nada temos.

É difícil tratar do tema sem paixão. Na década de 1990, movimentos inspirados pelas mais diversas tendências convergiram em orientações gerais que desde então foram disseminadas pela Organização das Nações Unidas para a Educação, a Ciência e a Cultura (Unesco). As evidências disponíveis sobre os benefícios da educação inclusiva na forma preconizada pela Unesco são bastante inconclusivas. Há prós, contras e tudo indica que o meio termo parece ser o melhor caminho: atendimento especializado no que for essencial e inclusão no que for viável, levando em conta os custos e benefícios para os portadores de necessidades e o sistema escolar.

No Brasil, caminhamos na direção de sempre: primeiro destruir, depois regular. Ficou o caos em que hoje vive esta área com uma legislação bem intencionada, porém impraticável. A educação especial precisa de atenção especial, assim como recomeçar a partir de um debate racional, embasado nas evidências sobre o que mais ajuda as pessoas, o exame de um elenco de modelos de atendimento e a oferta de opções flexíveis e viáveis para atender às diversas necessidades e peculiaridades dessa clientela.

Articulações e transições

Um sistema educacional, como qualquer sistema, deve prever a articulação entre as partes. No Brasil, assim como em alguns outros países como os Estados Unidos e o Japão, que teve de assimilar grande parte do modelo norte-americano ao final da Segunda Guerra Mundial, o sistema educacional tornou-se tributário do ensino superior, aquela ideia já alertada de que fora da universidade não há salvação. Assim o ensino infantil prepara para o ensino fundamental, que prepara para o ensino médio, que prepara para o ensino superior, que prepara mal a maioria dos alunos para trabalhar em ocupações que nada têm a ver com o seu diploma. Na prática temos uma legião de brasileiros despreparados para os estudos, para a vida e para trabalhar de forma produtiva e eficiente, como qualquer empregador pode atestar.

As primeiras transições se dão no ensino fundamental. Mesmo com a universalização da pré-escola muitas crianças chegam ao 1º ano do ensino fundamental sem preparo para enfrentar os desafios da escolarização formal e sem os requisitos básicos para se alfabetizar. No Quadro 2.7 vimos como a transição entre o 5º e 6º ano se reflete no elevado nível de reprovação. Essa transição reflete não apenas a falta de preparo acadêmico (apenas 50% dos alunos possuem os conhecimentos mínimos, conforme se verifica pela Prova Brasil), mas também a mudança de um para vários professores, um número excessivo de matérias com uma excessiva carga de informação e pouca profundidade, falta de opções para os alunos e falta de assuntos de interesse para jovens adolescentes. Tudo isso para adolescentes que chegam despreparados e com baixos níveis de compreensão leitora.

Ao longo das séries finais do ensino fundamental começa a evasão. No ensino médio só chega apenas uma parcela dos jovens de 15 anos, muitos com forte atraso escolar. Os dados da Prova Brasil mostram que menos de 20% possuem as competências mínimas correspondentes ao 9º ano e esses alunos vão enfrentar um currículo único, enciclopédico, maçante e que, associado a condições sociais diversas, conduz a uma perda superior a 50% dos alunos. Inexistem opções no ensino médio e inexiste orientação vocacional antes da entrada nele. Querendo ou não, todos supostamente devem se preparar para pleitear uma vaga na universidade, afinal, fora dela não há salvação. Finalmente vem a transição para o ensino superior. Mesmo sem preparo adequado é fácil entrar em alguma faculdade, mas a falta de estofo acadêmico, a escassez de informação sobre cursos e profissões, a rigidez dos currículos e da regulamentação profissional leva a um nível de desistência de 50% no início superior.

Como fugir dessas amarrações? Como tornar mais suaves essas transições? Como lidar com o ajuste entre a escola e o aluno e o aluno e a escola?

A organização de um sistema educacional é algo que deve ser objeto de profunda reflexão. Cada etapa deve ter sua característica própria e definir as suas relações com as demais. A seguir seguem alguns apontamentos para essa reflexão:

I) A educação infantil é uma novidade, algo sobre o qual ainda são necessárias muitas experiências e reflexões. Mas fundamentalmente ela é o tempo da primeira infância, o tempo da criança aprender a aprender. O currículo deve ser pautado fundamentalmente pelos conhecimentos a respeito de desenvolvimento humano e infantil. As articulações com o ensino fundamental (inevitáveis e crescentes) devem ser tratadas com o máximo de cuidado e atenção para não transformar a pré-escola num experiência escolar prematura, roubando das crianças o direito à infância.

II) O ensino fundamental no Brasil tem dois segmentos. A concepção do primeiro segmento (do 1º ao 5º ano) não comporta muita invenção e nunca foi muito prejudicada pelas reformas, só precisa de um bom currículo e de bons professores para implementá-lo. O desafio maior no Brasil para este segmento é recuperar a tradição de alfabetizar as crianças no 1º ano para dar tempo do aluno dominar o currículo das séries iniciais.

Já o segundo segmento do ensino fundamental do 6º ao 9º ano, é problemático. De um lado contém um número excessivo de disciplinas, de outro os conteúdos são mais voltados para preparar o aluno para o ensino médio do que para ensinar coisas úteis e necessárias. A desmotivação dos alunos em fase de adolescência é flagrante. Esse segmento precisa de profundas reformas e de transições mais suaves nas duas pontas. Na ponta superior precisa preparar o aluno para tomar decisões conscientes entre uma formação técnica ou uma formação acadêmico-propedêutica. Para poder decidir entre uma ou outra ele precisa estar devidamente preparado.

Na ponta inferior precisa de muita ênfase no essencial e oportunidades para o exercício de opções para manter os alunos motivados, mas só o domínio de conteúdos básicos dará ao aluno verdadeira liberdade de escolha. O desafio é decidir quais são esses conteúdos essenciais e assegurar liberdade para os alunos exercitarem tentativas e escolhas nesse segmento. Isso, por sua vez, requer escolas de porte e com economias de escala. E requer que as opções curriculares sejam prerrogativa das escolas e alunos, não de instâncias intermediárias que acabarão por preencher todos os espaços vazios com ideias mal cozidas como as de "currículos regionais".

III) Para o ensino médio, conforme já foi discutido neste e em outros capítulos, só existe uma solução conhecida: diversificar, oferecendo opções acadêmicas e profissionais, com ampla liberdade e flexibilidade. Na vertente acadêmica do ensino médio é necessário oferecer opções, no mínimo de intensidade, entre disciplinas científicas e disciplinas humanísticas.

IV) Quanto à transição para o ensino superior, existem modelos muito mais simples, baratos e eficazes do que o vestibular e o Enem. Mas para enxergar é preciso olhar e, antes, é preciso querer olhar. Este ainda não é o caso das autoridades brasileiras responsáveis pelo destino da juventude. O que interessa é celebrar na imprensa, igualmente sensacionalista, o número de concorrentes ao Enem. *E la nave va*! Pro brejo...

Em síntese

Nesta Parte II começamos sugerindo critérios para repensar a educação: a experiência de países bem sucedidos, os *benchmarks* ou parâmetros para balizar avanços e o conhecimento científico, as evidências. Esses três elementos, considerados de forma apropriada, poderiam nos sugerir um ponto de partida e balizar um debate profícuo. Um sistema educacional não se constrói com programas, distribuição de bolsas, mudando leis, disparando balas de prata ou tecendo uma colcha de retalhos de alto custo como no caso do PNE – Plano Nacional de Educação. Um sistema educacional requer instituições e instrumentos sólidos e permanentes, que criam o rescaldo cultural e os meios para promover mudanças e avançar. Neste capítulo analisamos as principais políticas substantivas que caracterizam um sistema educativo e o que é essencial rever nas políticas existentes.

Resta examinar as condições e possibilidades para reverter o quadro atual.

PARTE III

Como chegar lá

> *Mudanças fundamentais são significativas e profundas. Elas requerem fazer algo fundamentalmente diferente, algo que requer novas aprendizagens e uma nova história, que reconhece o passado mas ao mesmo tempo se recusa a deixá-lo definir todo o futuro.*
>
> **Mary Ragan**

É imperativo mudar a educação para que o Brasil seja próspero e seus cidadãos participem dos frutos do desenvolvimento. É imperativo mudar a educação para que a Escola se transforme num fator de promoção da equidade. É preciso democratizar o acesso, assegurar o progresso e o sucesso para todos numa escola de qualidade, não desvalorizar a escola para que todos se sintam à vontade e sejam felizes. Para isso é preciso redefinir os propósitos da Escola.

Mas mudar não é fácil. Um estudo do Conselho Nacional de Pesquisas dos Estados Unidos revela que 70% de todas as grandes tentativas de mudar governos, empresas e escolas fracassam dentro de dois anos ou são abandonadas (DRUCKMAN; SINGER; VAN COTT, 1997; PFEIFFER; SUTTON, 2006). O mesmo nível de fracasso se aplica às tentativas de reformar os sistemas de atendimento clínico para minorias étnicas naquele país (SMEDLEY; STITH; NELSON, 2002). Na prática, a taxa de fracasso deve ser maior, dada a tendência natural de considerar sucessos parciais.

O mesmo ocorre em nível individual. Meta-análises de pesquisas a respeito do impacto de mudanças de comportamento e atitudes (KLUGER; DINISI, 1998) revelam que cerca de 2/3 das tentativas são inócuas. Quanto maior o rigor das avaliações, menor é a taxa de sucesso (GOLEMBIEWSKY; SUN, 1990). Todos sabem o quão difícil é mudar nosso comportamento social, hábitos alimentares e, sobretudo, nossos valores.

A biologia evolutiva (TRIVERS, 2000) e a ciência cognitiva (CLARK, 2009) nos permitem entender melhor por que isso ocorre no nível individual e como isso se reflete nos fracassos de tentar mudar instituições. A espécie humana desenvolveu mecanismos que nos estimulam à autoenganação como forma de despistar os predadores e controlar situações sociais. Basta verificar quantas pessoas se consideram acima da média em qualquer escala: quase sempre os números variam de 70% a 90%, e professores universitários não são exceções. Diante de qualquer ameaça de perda de controle, típica de situações novas ou de mudança, nosso inconsciente entra em ação para nos proteger das ameaças. O que Freud não explicou, a biologia e a neurociência estão tentando explicar.

Esse comportamento, inconsciente e automatizado e essencial para a sobrevivência, é pouco propício a mudanças eficazes: aprender novos comportamentos e hábitos requer novas aprendizagens, novos objetivos e processamento consciente. O custo de aprender novas informações ou habilidades é relativamente baixo. Alto é o custo de desaprender comportamentos e abandonar convicções e hábitos. Raramente processos de mudança levam em conta esses custos. Daí o fracasso das tentativas de mudanças pessoais, organizacionais e sociais. Daí a lentidão dos processos de mudança. Mudanças eficazes requerem não apenas mudar os indivíduos, mas os contextos e os sistemas de incentivo dentro dos quais eles operam.

O tempo é outro fator complicador: políticos e administradores têm pressa. Em qualquer processo de mudança, ruídos e estragos aparecem primeiro e ameaçam a continuidade das reformas. Efeitos relevantes e duradouros levam tempo para amadurecer e apresentar resultados. As mudanças de maior impacto em educação são as que afetam crianças que não votam e que não pressionam diretamente os governantes. Afoitos pelos mandatos de curto prazo, os governos privilegiam o fazer e não cuidam do agir, de tomar atitudes que mudam o curso da história.

Desafio adicional consiste em promover mudanças que produzam efeitos significativos. Em educação isso significa afetar o que acontece na sala de aula e o que o aluno aprende. Raras são as reformas e mudanças educativas que chegam à sala de aula ou ao aluno. Para que isso ocorra, elas requerem não apenas pontaria e estratégias eficazes, mas dependem de uma consistência entre os elementos críticos do processo educacional: currículos-meios -professores-avaliação-consequências-apoio-institucional. Não existe bala de prata. Identificar o ponto de partida para uma reforma global ou parcial, mesmo que seja acertado, não equivale a mapear e assegurar condições para empreender a caminhada.

Mudanças são difíceis, mas ocorrem. Este livro começa abordando profundas mudanças que vêm ocorrendo na sociedade, nos valores, nas estruturas familiares, nas tecnologias, no conhecimento e nas formas de acesso ao conhecimento. Apesar de todas as dificuldades apontadas acima, mudanças ocorrem, algumas numa velocidade vertiginosa. Mudanças e reformas na educação também têm ocorrido, talvez em velocidade muito maior do que seria desejável, sendo que nem toda mudança significa melhoria.

Reformar a educação é possível, mas raramente reformas são sustentáveis. Atualmente é comum falar na destruição criadora como estratégia de mudança. Destruir, desconstruir e "ressignificar" podem ser um primeiro passo necessário, mas, por si só, não asseguram coisa alguma. Não há mudança social se não há mudança nas pessoas. Para mudar é necessário entender e alterar os sistemas de incentivo para que as pessoas adotem novos quadros de referência. Mas a motivação extrínseca não se sustenta no longo prazo.

A complexidade dos desafios envolvidos num projeto de mudança educativa desautoriza qualquer proposta que se apresente como salvadora, muito menos que seja imposta a uma sociedade, ainda que sob a forma de leis aprovadas sob a pressão de grupos de interesse e consensos de gabinete. O Plano Nacional de Educação é apenas um exemplo recente. Também não se trata de reduzir as diferenças a consensos mínimos e fazer a "arte do possível", ou seja, a estratégia comum de se fazer compromissos ou pior, assumir compromissos inviáveis que serão descumpridos ou que irão passar a conta para as futuras gerações, como, por exemplo, no caso do ensino de má qualidade ou da falta de lastro para pagar as aposentadorias e pensões dos professores nas próximas décadas. Políticos no Brasil não apenas usam, mas acreditam na expressão "trocar o pneu com o carro andando". O que esses políticos fazem, na verdade, são buracos na estrada.

Ao longo de séculos, a Escola, tal como a conhecemos até a primeira metade do século XX e da qual ainda temos fortes reflexos e caricaturas, mesmo dentro dos seus limites, serviu aos propósitos para os quais foi criada, que é transmitir o conhecimento acumulado e permitir o seu avanço. Os leitores deste livro possivelmente são testemunhos vivos dos efeitos de uma boa escolarização, observadores dos efeitos negativos de sua privação e de suas deficiências. O desafio atual consiste em encontrar os elementos que permitam resgatar a tradição da Escola e redefinir o seu papel para o tempo presente.

Na sociedade pós-moderna tornou-se difícil falar de educação num sentido mais amplo. Precisamos nos contentar com ambições mais modestas e factíveis, face as circunstâncias do mundo contemporâneo. Pombo (2003) sugere concentrar a Escola naquilo que ela tem condições de fazer melhor: transmitir o conhecimento acumulado e dar aos indivíduos condições de analisar, criticar e fazê-lo avançar. A função principal da Escola deve ser a de ensinar as disciplinas e ferramentas básicas para a aquisição do saber. É aí que reside, na linguagem de Pombo, "o brilho da escola". Para brilhar, tanto quanto a ciência cognitiva e as tecnologias disponíveis nos permitem enxergar, as escolas continuarão a se apoiar em currículos bem estruturados e sequenciados, educadores e professores muito bem preparados e uma enorme dedicação, persistência e esforço pessoal de quem quiser aprender. No processo de desenvolvimento e de amadurecimento intelectual não há atalhos.

Como chegar lá? Sem negar ou ignorar os tremendos desafios para viabilizar qualquer processo de mudança e levando em consideração o diagnóstico e a análise das causas realizadas na Parte I, apresentamos algumas breves sugestões para estimular a reflexão e ação do leitor. É claro que todas essas sugestões sofrem uma limitação de base: a falta de uma cultura da educação fundamentada em princípios sólidos e socialmente compartilhados.

Sugestão 1: Criar pressão social

A qualidade das escolas só vai melhorar se houver pressão social para que assim seja. O Brasil ainda não se deu conta da importância e da gravidade de seus problemas educacionais. Mas é impossível melhorar a educação sem que haja pressão dos interessados, que em última instância são todos cidadãos e cidadãs, dos pobres aos ricos, das elites empresariais e das classes médias. É, portanto, necessária uma forte pressão para mudar. É preciso também sustentar a pressão para o sistema não piorar.

Como detalhamos na Parte I, as pessoas no Brasil, sejam pais, empresários ou intelectuais, parecem contentes com os arranjos existentes, apesar da mediocridade dos resultados das escolas públicas e privadas, revelada em exames como o Enem e o Pisa. Para as classes mais favorecidas, basta estar um passo adiante da média para ter acesso aos privilégios das escolas de elite. Mesmo quando pais manifestam insatisfação com a escola, como revelado na pesquisa Educar para Crescer (2008), os pais não sabem como promover a melhoria: 68% alegam tratar-se de responsabilidade dos governantes e 70% ignoram o que o prefeito de seus municípios esteja fazendo nesse setor.

O setor empresarial contenta-se em elaborar estudos e listar reivindicações, sem promover avaliações, tomar posições decisivas sobre temas vitais para o setor e sem efetivar cobranças que seriam compatíveis com os prejuízos que a má educação causa à economia. É certo que as escolas de formação profissional do sistema S, especialmente as de maior tradição como as do Senai, constituem um dos poucos exemplos de redes de educação de qualidade existentes no País, mas não basta apenas cada um fazer a sua parte.

Como observa Cláudio de Moura Castro, recentes tentativas de mobilizar a sociedade também não avançaram muito: "O Todos pela Educação é praticamente a única grande iniciativa de *advocacy*. E assim mesmo optou por aproximar-se do MEC, em vez de contestar." Os órgãos reguladores e os Conselhos que proliferaram nos últimos anos vêm se transformando em abrigos para interesses corporativos, aparelhamento do Estado ou se limitam a exercer um papel burocrático. No plano federal, os mesmos conselhos e mecanismos institucionais que impõem um razoável rigor nas áreas de ciências básicas não adotam critérios semelhantes na área da educação.

Os pais, especialmente os de alunos de escolas públicas, estão razoavelmente contentes com a escola, em níveis absolutos, e muito contentes quando comparam a educação com outros serviços públicos. A maioria das famílias cujos filhos frequentam a escola pública têm poucas razões objetivas para se queixar: a escola de seus filhos é mais acessível e melhor do que as escolas que eles frequentaram; a escola em geral é melhor que outros serviços públicos. E sempre há o argumento de que seu filho não vai melhor porque não se esforça o suficiente, "a escola até que é boazinha". Sem falar, claro, na assimetria de informação entre pais de baixa escolaridade e o pessoal das escolas, nas conhecidas barreiras e dificuldades de conversa entre essas partes e na falta de canais para eventualmente expressar descontentamento.

Como bem lembra Gustavo Ioschpe, em uma conversa que tivemos, o Brasil tem pouca experiência em realizar mudanças provocadas a partir da base. A Inconfidência Mineira e a Abolição da Escravatura têm em comum um senso de injustiça, respectivamente contra o fisco e contra a discriminação. O movimento das Diretas Já também reflete a injustiça contra a usurpação da liberdade. Quem sabe apelar para o sentimento de injustiça seria uma forma capaz de mobilizar os pais para exigirem uma escola pública de qualidade?

"Quem sabe apelar para o sentimento de injustiça seria uma forma capaz de mobilizar os pais para exigirem uma escola pública de qualidade?"

A informação é um ponto de partida importante. Hoje, pelo menos temos um instrumento importante, que são os dados da Prova Brasil, do Pisa e de pesquisas qualificadas que nos ajudam a entender a diferença entre uma escola que tem boa nota e uma escola que faz diferença na vida dos alunos. Mas ainda não temos a percepção de quão ruim são os nossos resultados em termos absolutos e relativos. Mesmo diante de resultados mornos, os governos se esmeram em maquiar os dados e interpretações, de modo a confundir o eleitorado. Sobra pouco espaço para o contraponto e para o contraditório.

Tomar consciência da realidade é um primeiro passo. O outro é mais complicado: estabelecer consensos a respeito da ideia de Escola que a sociedade quer para seus filhos. No estágio em que se encontra a fragmentação de valores em torno de questões básicas este é um desafio difícil de superar e, possivelmente, teremos que nos contentar com consensos precários e provisórios sobre expectativas compartilhadas a respeito da Escola. Em torno disso, por mais precário que seja, será necessário mobilizar a sociedade.

Como mobilizar a sociedade para promover reformas pela melhoria da educação e sustentar a pressão em cada escola é um território a ser explorado pelos especialistas em processos de mudança. Esta é uma área em que talvez o uso adequado de mídias sociais possa articular e estimular importantes processos de mudança. O muro de Berlim caiu de um dia para o outro e rapidamente transformou as relações internacionais, mas o processo que levou à sua queda começou várias décadas antes.

Sugestão 2: O terceiro setor

Constituído pelas organizações não governamentais que historicamente se identificam como o espaço intermediário onde há uma mescla entre o interesse público e a lógica de ação privada, na prática, o terceiro setor no Brasil compõe-se de ONGs que são um pouco de tudo. Vão desde paraestatais, extensões de governos, caixa-dois, extensões de empresas privadas e órgãos representativos de grupos ou categorias profissionais, até as mais virtuosas instituições. A falta de independência financeira da maioria delas, associada ao poder de cooptação dos governos, reduz-lhes enormemente o espaço de autonomia. São poucas as que fazem questão de manter um espaço independente e diferenciado na sociedade. Sobreviver é preciso. Mas viver não é também preciso?

Num tecido social sadio, organizações sociais têm dois papéis importantes. O primeiro deles é atuar como pontos de luz, ações independentes nas periferias da sociedade nas quais não chegam governos ou outras formas organizadas de apoio, ação e articulação. Nesse sentido elas servem não apenas como oportunidade de exercício cívico para os cidadãos, mas como importantes mecanismos de inovação e aprendizagem social. O segundo é atuar como contraponto, caixa de ressonância, centros de análise e reflexão independentes, atuando como elos de reflexão e ação coletiva, desde que preservem sua independência e sua autonomia.

No campo da educação existem centenas ou talvez milhares de ONGs de todos os tipos. Seria temerário classificar, avaliar o trabalho dessas instituições ou citar nomes. Para mobilizar a sociedade é particularmente relevante o trabalho de organizações que investem na formação de pessoal e pesquisadores educacionais de alto nível que desenvolvem e avaliam modelos alternativos de provisão de serviços que produzem, divulgam e criam espaços para discutir e disseminar novos conceitos e instrumentos com base em evidências científicas comprovadas. Precisamos de ONGs que desenvolvam competências em mobilização social.

Sugestão 3: O quarto setor, ou o papel dos meios de comunicação

A imprensa, especialmente a TV e os jornais impressos e eletrônicos, é peça central de uma sociedade democrática, com dois papéis importantes. De um lado serve de espelho para a sociedade, informando e reportando os acontecimentos do dia a dia e oferecendo quadros de referência para fazer sentido do desenrolar dos eventos, contrapondo o fato, a versão e estimulando e criando espaço para o contraditório. De outro constitui uma das poucas instituições da sociedade civil em que é possível o exercício do jornalismo investigativo independente que pode abrir espaço para o debate, mas que ainda precisa ser enormemente ampliado na sua extensão, profundidade e variedade de vozes.

Dispondo de algum espaço na imprensa, a elite intelectual brasileira, inclusive segmentos importantes da comunidade acadêmica, poderia contribuir muito mais para alimentar e elevar a qualidade do debate sobre educação. Esta é uma área em que o Brasil ainda pode melhorar muito e na qual pode haver espaço de colaboração entre ONGs e a mídia, especialmente na formação de jornalistas especializados e no estímulo à produção de conteúdos de alta qualidade, como sugeriu LynNell Hancock, jornalista especializada em educação e professora da Escola de Jornalismo da Universidade de Columbia, nos Estados Unidos em sua passagem pelo Brasil (HANCOCK, 2013) .

Os meios de comunicação social e a chamada mídia social certamente terão importantes papéis a desempenhar num processo de mudança social, mas os conhecimentos sobre isso ainda são bastante incipientes.

Sugestão 4: De volta ao primeiro setor, ou o governo federal

Este livro foi escrito antes das eleições presidenciais de 2014. Propositadamente não foi publicado no período eleitoral, para deixar claro que as ideias aqui apresentadas não se destinam a um partido ou a um governo em particular, mas para a reflexão do leitor sobre o papel da sociedade e dos governos, em suas várias instâncias. Como mudanças são lentas, certamente não se trata de uma agenda que se esgota num mandato de um presidente ou de um governador de estado. Na conjuntura atual, em que tudo há para fazer, a escolha de prioridades é tão crítica quanto a definição de estratégias. Sem mudanças profundas não haverá avanços significativos.

Recomendações para o governo federal, no Brasil, deveriam se concentrar mais no que o governo não deve fazer e nos meios que não deve empregar. Dada sua capacidade de concentrar recursos e no seu poder, ele age com a sutileza de um paquiderme caminhando sobre uma plantação de morangos. Daí a necessidade de pensar muito antes de apresentar propostas ao governo federal.

Com essa advertência em mente, e a título de sugestão, seguem quatro pontos para uma agenda de trabalho para o governo federal. São mudanças voluntaristas que dependem de decisões e atos unilaterais de governos e, portanto, requerem mentes esclarecidas, visão de estadista e capacidade de mobilizar recursos institucionais e políticos para viabilizar sua implementação e sua sustentação.

I) Uma possível contribuição do governo federal **seria deslocar o centro de discussão sobre educação para a esfera dos Ministérios responsáveis pelo Planejamento e Fazenda,** mudando o foco de atendimento às reivindicações dos grupos organizados de pressão para uma estratégia proativa com foco no desenvolvimento de recursos humanos do berço ao túmulo. Nesse contexto estariam incluídas no mínimo as questões de primeira infância, educação, formação profissional, ciência e tecnologia e as articulações entre emprego e renda, especialmente a questão dos estágios, primeiro emprego e políticas para a juventude, bem como as questões do federalismo na distribuição de encargos e recursos.

Por que deslocar o centro do debate?

Por que precisamos sair da caixa, romper o círculo vicioso, entender o papel estratégico da educação como fator essencial para sobreviver e prosperar na sociedade do conhecimento. A educação precisa deixar de ser vista como parte dos gastos sociais e incorporada como primeira prioridade na lista de investimentos estratégicos. Para sair do círculo viciado e vicioso em que se encontra, é preciso ampliar o debate com novos dados, perspectivas, temas, atores e articulações.

O primeiro nó górdio a ser desamarrado é a vinculação e a subordinação de todo sistema educacional ao vestibular. O outro nó a desatar é a desvinculação da educação infantil à lógica da educação escolar. Dois critérios poderiam contribuir para mudar a discussão de patamar. O primeiro seria o critério *cui bono*, ou seja, avaliar *ex-ante* o beneficiário de qualquer proposta, e esse beneficiário deve ser necessariamente o aluno. O segundo seria estabelecer os parâmetros para a própria discussão de propostas, tais como sugerido no capítulo 4. Então surgiriam métricas mais rigorosas para avaliar os investimentos em educação, vinculando-os a critérios de equidade, eficiência e qualidade, não apenas ao critério de atender aos grupos que se mobilizam e gritam mais alto.

II) **Olhar diferenciado para alguns setores.** Políticas são pensadas a partir de categorias orçamentárias e das estruturas burocráticas. Instituições de estado não são montadas para pensar nas pessoas, mas o que existem são pessoas. Assim, políticas para Primeira Infância com foco na família se tornam inviáveis dentro da lógica do aparelho burocrático. O que se fala ou faz são ações da saúde junto às grávidas ou na construção de creches. Da mesma forma, o jovem e seu coletivo, a juventude, com sua diversidade de circunstâncias, inexistem nas categorias do pensamento burocrático e nos escaninhos orçamentários. O que há é o vestibular, o Enem, o ensino médio, o estágio, o Pronatec e outras categorias.

Mudar essa situação é difícil, mas não é impossível. Por exemplo, uma nova forma de lidar com questões como a da Primeira Infância poderia ajudar a trilhar novos caminhos em outras áreas. Ao invés de persistir no modelo atual de criar creches a todo custo, sem a menor perspectiva de oferecer serviços de qualidade, o governo federal poderia criar novos mecanismos para incentivar e financiar propostas inovadoras de atendimento à Primeira Infância, do pré-natal até o atendimento a famílias com crianças de seis anos de idade. Ao invés de criar programas federais padronizados e cooptar os estados e municípios para cumprir tabela e engrossar estatísticas, poderia criar mecanismos de financiamento para receber propostas de municípios, propostas intermunicipais, propostas articuladas por governos estaduais ou mesmo propostas articuladas por entes privados, especialmente organizações não governamentais devidamente qualificadas, operando ou não em articulação com instâncias públicas. As propostas poderiam ser específicas (como programas focados no pré-natal ou no atendimento pediátrico para crianças de até seis anos de idade e programas para desenvolver habilidades parentais) ou mais gerais, como o atendimento a crianças ou atendimento integrado a famílias.

A chamada para financiamento e recursos seria apoiada em critérios a serem observados (por exemplo, propostas devem ser fundamentadas em evidências científicas comprovadas). Essa prática poderia ser progressivamente estendida a todo tipo de projeto e proposta em educação. E tudo seria avaliado por agências independentes, de modo a gerar conhecimentos e modelos alternativos de intervenção. O mesmo poderia ocorrer se mudássemos o foco de uma miríade de programas categoriais que amarram os recursos e passássemos a cuidar de forma global e eficaz dos problemas concretos da juventude.

III) **Aproveitar estrategicamente as oportunidades.** Suponhamos que o País decida empreender um debate sério sobre currículos, que são elementos fundamentais em qualquer sistema de ensino. Como não temos currículo no Brasil, essa discussão poderia se tornar um ponto de partida. Mas ponto de partida é um apenas um ponto, o início de uma caminhada. Para se tornar realidade, um currículo deve se relacionar com outras questões importantes, como a formação dos professores que ministrarão o currículo, como isso vai incidir na organização e tempo escolar, as políticas de materiais didáticos, a avaliação etc.

Não é possível, nem desejável, discutir tudo ao mesmo tempo, sobretudo depois de décadas de jejum sobre o tema, mas é necessário ter clareza a respeito das implicações de um currículo. Para avançar como parte de uma estratégia de melhorar a educação, algumas decisões estratégicas e preliminares são críticas. Dada a inexperiência do País com o tema, seria prudente começar tratando de poucas disciplinas: Língua Portuguesa, Matemática e, talvez, Ciências.

Dado o que sabemos sobre as especificidades das diferentes etapas do ensino, seria prudente assegurar a continuidade e a transição entre os currículos de educação infantil, séries iniciais, séries finais e ensino médio, levando em conta a independência e as especificidades de cada segmento. Por exemplo, a formulação do currículo que promove o desenvolvimento da linguagem na educação infantil é muito diferente do currículo que deve vigorar nas séries iniciais.

A necessidade de diversificar o ensino médio, libertando o país do jugo do vestibular/Enem, deve estimular a diversidade. Outra questão importante seria a dosagem, o tempo e as horas/aulas necessárias para o domínio de um determinado currículo. Outra consideração na mesma direção refere-se ao que deve ser considerado como mínimo comum a todos, o que deve ser deixado a outras instâncias e quais seriam essas instâncias. Quanto mais claro for o mínimo comum a todos, mais espaço de autonomia poderá sobrar para escolas e alunos.

Essas são apenas algumas ideias para ilustrar a complexidade de qualquer dos desafios da educação e a necessidade de relacionar as partes com um todo. Isso requer uma reflexão preliminar, o concurso de especialistas experientes no trato das questões e é incompatível com dogmatismos e açodamentos de qualquer espécie. No caso brasileiro, um país que já convive há décadas sem currículo, seria prudente organizar um recomeço bem começado, com abertura para ouvir e analisar a experiência internacional, o estado da arte e a visão de pessoas qualificadas, antes de embarcar na redescoberta da roda, que sem esses cuidados possivelmente será quadrada.

Outras áreas poderiam ser contempladas de forma estratégica, como, por exemplo, a questão dos professores. Em qualquer caso a política substantiva sempre deve servir de ensejo para criar e fortalecer instituições permanentes que fomentem a cultura da educação.

IV) **Foco no fortalecimento de processos e instituições, mais do que em programas, projetos ou conquista de espaços**. Antes de o Brasil ser descoberto, as Ordenações Manuelinas já diziam como deveria ser governado. Desde então, o Brasil e os brasileiros continuam mantendo uma fé inabalável no poder de mudar a realidade com leis e decretos. O Plano Nacional de Educação é um atestado vivo de nosso DNA ibérico. Mais do que programas, projetos e leis, a educação se faz por meio de instituições. Longe de esgotar a agenda, eis alguns exemplos de avanços institucionais.

> "Mais do que programas, projetos e leis, a educação se faz por meio de instituições."

Os Conselhos no Brasil, especialmente os de Educação, padecem de dois males agudos. De um lado são de ordem corporativa, por natureza são formados por representantes de interesses particulares. Alguém que é nomeado para representar um grupo num conselho jamais poderá votar contra os interesses desse grupo, sob a pena de perder sua legitimidade. Conselhos em educação precisam repercutir as diferentes vozes da sociedade em defesa do aluno, mas ficam prejudicados quando se confundem as diferentes vozes com a representação de grupos de interesse: o todo deve ser maior do que a soma das partes e deve ter em vista o bem de todos, sobretudo os que mais dependem da educação, não o atendimento às reivindicações das partes. O segundo mal é o descompromisso: mesmo quando deliberam, os conselhos são isentos de responsabilidade por suas decisões, o que abre espaço para a irresponsabilidade e a inconsequência. Para que possam ser úteis à sociedade, os conselhos precisam ser compostos por indivíduos independentes e que tenham compromisso com os interesses comuns, não com a defesa de interesses de grupos. É preciso repensar a forma de representação e função dos conselhos que lidam com os vários aspectos das políticas de recursos humanos.

Como dito mais de uma vez neste livro, uma reforma educativa só será iniciada quando o país criar mecanismos permanentes para atrair, formar e manter professores altamente qualificados. Mas não se cria isso por decreto. Não adianta só equacionar esta questão, embora fundamental, sem lidar com outros aspectos, como os currículos, por exemplo. Ou sem abrir espaço para o uso racional e eficiente de tecnologias, o que pode ensejar diferentes tipos, carreiras e formas de contratação de professores e organização de turmas. Dificilmente as faculdades de educação serão capazes de formular e implementar as propostas de que o País precisa dada a sua história, o perfil da maioria de seu corpo docente e a falta de espaço para debates rigorosos. Reiterando: é preciso ampliar o espaço e legitimar novos atores, sair dos limites da caixa. No mínimo um avanço seria abrir a discussão sobre esses temas. Outro avanço seria, ao invés de criar regras rígidas uniformes, estimular o desenvolvimento de propostas de formação, carreiras, certificação ou outros instrumentos de aperfeiçoamento dessas novas ideias nas diferentes instâncias da federação. É preciso estimular a diversidade e criar realidades antes de submetê-las às amarras da regulação.

Sugestão 5: Os governos estaduais

Com ou sem mudanças no âmbito federal, o regime federativo atribui aos Estados algumas responsabilidades e prerrogativas. Além disso, seus recursos lhes permitem tomar algumas iniciativas que poderiam contribuir para iniciar um processo de reforma. A situação econômica dos diferentes estados brasileiros é muito diferente, mas seu impacto na educação é também muito semelhante: apenas dois estados da Federação (Ceará e Minas Gerais) vêm conseguindo, de maneira consistente, melhorar o desempenho educacional um pouco acima do que seria esperado com base unicamente no nível socioeconômico dos alunos. Na maioria dos estados mais desenvolvidos, os resultados dos alunos são melhores porque eles são mais ricos, não porque suas escolas são melhores.

Há vários estados que produzem resultados ainda piores do que seria de se esperar com base no nível socioeconômico dos alunos. Isso significa que os sistemas educacionais, em praticamente todos os estados, não estão fazendo diferença nem no desempenho dos alunos, nem na correção de desigualdades. Assim, como no caso do governo federal, nenhuma unidade federativa iniciou um verdadeiro programa de reforma educativa, apesar de aqui e ali existirem iniciativas comprovadamente acertadas, mas certamente não suficientes para promover grandes avanços, muito menos para sustentá-los no longo prazo.

Como dito repetidamente neste livro, não há reforma educativa duradoura enquanto não existir uma política permanente para atrair e manter professores bem qualificados, algo que nenhum estado brasileiro começou a fazer. Isso não é uma ação independente, pois deve ser parte de uma estratégia que inclua as demais instituições que compõem um sistema educativo. Assim, sem falar aqui em reformas compreensivas, há algumas iniciativas comuns a todos os governos estaduais que poderiam contribuir para provocar melhorias e iniciar um processo de mudança. Algumas das ideias discutidas no Capítulo 5 poderiam ser úteis, da mesma forma que algumas das sugestões apresentadas para ação do governo federal poderiam ser implementadas por governos estaduais. Outras são ações que deveriam caber prioritariamente aos governos estaduais. Destacamos três delas:

I) Promover a municipalização que, além de se tratar de um imperativo constitucional reforçado na Lei de Diretrizes e Bases da Educação Nacional, poderia ser feito num contexto de aumento de qualidade e, sobretudo, eficiência. Os processos de municipalização poderiam ser induzidos por meio de instrumentos como Leis Robin Hood e outras formas de condicionalidade, feitas mediante mecanismos abertos a todos os municípios, por meio de estratégias concentradas em alguns municípios que se qualificarem para intervenções maciças ou uma combinação das duas formas. Em unidades federadas de menor poder de fogo, estratégias devem ser mais focadas em objetivos mais específicos, como, por exemplo, assegurar a alfabetização das crianças no 1º ano ou estimular políticas inovadoras e integradas para a Primeira Infância.

II) Apesar das amarras da legislação, os governos estaduais poderiam promover enormes avanços na diversificação do ensino médio, rompendo com a ideia da "educação geral", promovendo a criação de novas modalidades de ensino médio profissional como em educação e saúde e estimulando formas criativas de parceria com o Sistema S e o setor privado na provisão de cursos profissionais de nível médio.

III) Assegurar o debate. O Conselho Nacional dos Secretários Estaduais de Educação poderia assumir um papel importante na manutenção dos ideais federativos e da busca de equilíbrio entre poderes. Ao invés de converter-se em mero executor de políticas da União ou de servir de palco privilegiado para barganhas bilaterais com o governo federal, de modo geral, o Consed poderia estimular o aperfeiçoamento do federalismo. De modo particular poderia estimular, promover e fazer avançar uma discussão sobre currículos nacionais, com base em propostas apresentadas pelos diferentes estados ou buscando a convergência em torno de ideias comuns. Ao invés de fecharem os olhos e considerarem a educação como algo secundário para a política (ou assunto para educadores), governadores podem ter um importante papel na orientação da conduta dos secretários nesses conselhos para preservar os espaços de ação que cabem num país federativo.

Sugestão 6: Os governos municipais

A diversidade de municípios impede qualquer sugestão genérica. Mas há muito que todos os municípios podem fazer, e há algo que alguns municípios podem e devem fazer. Qualquer município, especialmente aqueles com menos de 100 mil habitantes, pode montar e fazer uma rede de escolas de forma muito mais eficiente e eficaz do que o faz hoje. Existem informações, conhecimentos e recursos para isso. Mas para isso é preciso realizar mudanças simples e profundas na forma de montar e operar as Secretarias Municipais de Educação. Enquanto não ocorrem mudanças mais amplas no plano nacional, podem pelo menos tornar mais produtivas as escolas existentes.

Municípios de porte médio e grande podem reduzir sensivelmente seus custos de operação e utilizar os recursos que sobram para desenvolver estratégias mais robustas de reforma, especialmente com a criação de novas carreiras para o magistério e de novas escolas onde se iniciaria um novo ciclo de qualidade.

Em síntese

Um projeto de mudança deve partir do reconhecimento de tensões próprias a toda realidade social. O tamanho do desafio é formidável e algumas categorias conceituais podem ajudar aqueles que se aventurarem nessa empreitada.

Primeiro, mudar é um processo para o qual o importante é criar as condições para ele se inicie e se mantenha. Isso pode incluir novos temas, atores e estratégias. Agir, isto é, tomar atitudes corretas e oportunas, é mais importante do que fazer, no sentido de criar ou implementar programas de maneira açodada. Não se trata de manter ou ampliar espaços de poder, mas de criar espaços de reflexão e ação que gerem novos dinamismos e libertem o País do atual domínio sectário e ideológico que aprisiona qualquer possibilidade de debate e avanço.

Segundo, é preciso achar um mínimo múltiplo comum, um conjunto mínimo de conceitos e critérios a respeito da função da Escola e que sejam aceitos e respeitados por todos.

Terceiro, a realidade, os problemas e evidências devem ter primazia sobre as ideologias, especialmente os fundamentalismos e intelectualismos que servem apenas para favorecer interesses setoriais ou para manipular a verdade. A primazia da realidade sobre as ideias requer o compromisso de iluminar as realidades com ideias, não usar ideias para ofuscar as realidades. Em educação isso implica o respeito ao debate e às evidências.

Para avançar não precisamos paralisar o País num debate em torno de um projeto nacional de educação ou de Escola. Isso seria improdutivo. A sociedade está muito fragmentada para avançar de forma produtiva nessa questão. Mas precisamos romper certos entraves e criar espaço para que a Escola resgate, pelo menos, parte de sua missão, de sua identidade e, dessa forma, sirva como elemento para promover a equidade ou criar oportunidades para os que dela mais precisam para melhorar de vida.

A caminhada é longa. Começamos tarde. A segunda melhor opção é começar agora.

REFERÊNCIAS

AMERICAN EDUCATIONAL RESEARCH ASSOCIATION. *Definition of Scientifically Based Research*. AERA, 2008. Disponível em: <http://www.aera.net/Portals/38/docs/About_AERA/KeyPrograms/DefinitionofScientificallyBasedResearch.pdf>.

ARCHER, M. *Realist social theory:* the morphogenetic approach. Cambridge: Cambridge University Press, 1995.

_____. *Social origins of educational systems*. Londres: Sage, 1984.

ARENDT, H. A crise na educação, 1954. In: POMBO, O. *Quatro textos excêntricos, Hannah Arendt, Eric Weil, Bertrand Russell, Ortega y Gasset*. Lisboa: Relógio d'Água, 2000. p 21-53.

_____. *Eichmann in Jerusalem*: a report on the banality of evil. Viking Press, 1964.

AZEVEDO, F. et al. *Manifesto dos Pioneiros da Educação Nova (1932) e dos Educadores (1959)*. Brasília: MEC. Disponível em: <www.dominiopublico.gov.br>.

BALIAN, R.; BISMUT, J. M.; CONNES, A.; DEMAILY, J. P.; LAFFORGUE, L.; LELONG, P.; SERRE, J. P. *Les saviors fondamentaux au service de l'avenir scientifique et technique* – comment les réenseigner. Paris: Le Cahiers du Beget, Fondation pour l'Innovation Politique, nov. 2004.

BOUDETT, K. P.; CITY, E. A.; MURNANE, R. J. *Data wise, revised and expanded edition*: a step-by-step guide to using assessment results to improve teaching and learning, 2013.

BOURDIEU, P.; PASSERON, J. C. *A reprodução:* elementos para uma teoria do sistema de ensino. Rio de Janeiro: Francisco Alves, 1970.

BRUNS, B.; EVANS, D.; LUQUE, J.: *Achieving world-class education in Brazil:* the next agenda. Washington D. C.: World Bank, 2012.

BRUNS, B.; LUQUE, J.: *Great teachers:* How to raise student learning in Latin America and the Caribean. Washington, D.C.: The World Bank 89514, 2014.

CARNEIRO, P.; HECKMAN, J. *Human capital policy* – NBER Working Paper Series. National Bureau of Economic Research, Massachusetts, 2003.

CARNOY, M.; KHAVENSON, T.; COSTA, L.; FONSECA, I.; MAROTTA, L. *Is Brazilian education improving?* A comparative foray using Pisa and SAEB Brazil test scores. Stanford University: Lemann Center for Educational Policy, 2014 (mimeo).

CARNOY, M. *A vantagem acadêmica de Cuba* – por que seus alunos vão melhor na escola. Ediouro, 2009, p. 272.

CASEBOURNE, I.; DAVIES, C.; FERNANDES, M.; NORMAN, N. *Assessing the accuracy and quality of Wikipedia entries compared to popular online encyclopaedias:* a comparative preliminary study across disciplines in English, Spanish and Arabic. Brighton (Reino Unido): Epic/Universidade de Oxford, 2012.

CLARK, R. E. Resistance to change: uncounscious knowledge and the challenge of unlearning. In: *Fostering change in institutions, environments and people.* Ahwah (EUA): Lawrence Erlbaum Associates, 2009, p. 75-94.

COLEMAN, J. S. *Equality of educational opportunity.* National Center of Educational Statistics, 1964.

DRUCKMAN, D.; SINGER, J. E.; VAN COOT, H. *Enhancing organizational performance.* Washington, D. C.: National Academy Press, 1997.

DUNCAN, G.; MURNANE, R. (Eds.) *Whither opportunity?:* rising inequality, schools, and children's life. Russell Sage Foundation, 2011.

FERNANDES, M.; FERRAZ. C. *Conhecimento ou práticas pedagógicas?* Medindo os efeitos da qualidade dos professores no desempenho dos Alunos. Ribeirão Preto: FEA/RP/USP – REAP (Rede de Economia Aplicada), Working Paper 66, Maio de 2014.

FULGUN, R. *All I need to know I learned in Kindergarten.* Kansas City: Villard Books, 1998.

FUNDAÇÃO LEMANN. *Excelência com equidade*. São Paulo: Fundação Lemann, 2014.

GATTI, B.; BARRETO, E. S. S. (Coord.) *Professores do Brasil*: impasses e desafios. Brasília: Unesco, 2009, p. 294.

GOLEMBIEWSKY, R. T.; SUN, B. C. Positive-finding bias in QWL studies: Rigor and outcomes in a large sample. *Journal of Management*, 6, 1990, p. 665-674.

HANUSHEK, E. A. The economic value of higher teacher quality. *Economics of Education Review*, 30: 466-479, 2011.

HATTIE, J.; YATES, G. *Visible learning and the science of how we learn*. Londres: Routbledge, 2014.

HECKMAN, J. *Giving kids a fair chance* – a strategy that works. Institute of Technology. Massachusetts, 2013.

HUMBOLDT, W. Sobre a Organização Interna e Externa das Instituições Científicas Superiores em Berlim. In: CASPER, G.; HUMBOLDT, W. *Um mundo sem universidades?* Rio de Janeiro: EdUERJ, 1997.

JAEGER, W. *Paideia* – a formação do homem grego. São Paulo: Martins Fontes, 1994.

KLEIN, R.; RIBEIRO, S. C. O censo educacional e o modelo de fluxo: o problema da repetência. *Revista Brasileira de Estatística*, Rio de Janeiro, v. 52, n. 197-198, p. 5-45, jan./dez.1991.

KLUGER, A.; DINISI, A.: Feedback interventions: Toward the Understanding of a Double-Edged Sword. *Current Directions in Psychologicla Science*, v. 7, n. 3, 1998, p. 67-72.

KOO, Se-Woong. An assault upon our children. South Korea's education system hurts students. *The New York Times*, New York, 1 Aug. 2014.

LEMOV, Doug. *Aula nota 10*: 49 técnicas para ser um professor campeão de audiência. Tradução de Leda Beck. São Paulo: Da Boa Prosa/Fundação Lemann, 2011.

LEVY, F.; MURNANE, R. *The new division of labor:* how computers are creating the next job market. New York: Russell Sage, 2004.

LLOSA, M. V. *A civilização do espetáculo*. Rio de Janeiro: Objetiva, 2013.

MACDONALD, J. *Blended learning and online tutoring:* planning leaner support and activity design. Ed. Gower, 2008.

MARSHALL, M. *Os meios de comunicação como extensões do homem (Understanding Media)*. Cultrix, 1964.

MENDES JUNIOR, A. A. F. Uma análise da progressão dos alunos cotistas sob a primeira ação afirmativa brasileira no ensino superior: o caso da Universidade do Estado do Rio de Janeiro. *Ensaio: aval. pol. públ. Educ.*, Rio de Janeiro, v. 22, n. 82, Mar. 2014 .

MORAIS, J. Evidências científicas internacionais sobre o que melhor funciona. In: *Seminário Internacional de Alfabetização*. Belo Horizonte: Instituto Alfa e Beto, 2014.

MOURSHED, M. et al. *How the world's most improved school systems keep getting better*. McKinsey & Company, 2010

MURNANE, R.; LEVY, F. *Teaching the new basic skills:* principles for educating children to thrive in a changing economy. Free Press, 1996.

NEWMAN, C. *The idea of a university*, 1854. New York: Longmans, Green & Co. 1907.

OCDE. Starting Strong: Early Childhood Education and Care. *OECD Publishing*, 2001, 2006 e 2011.

OLIVEIRA, J. B. A. Alfabetização na idade errada. *Folha de S. Paulo*, São Paulo, 12 jul. 2012.

_____. Corporativismo, de novo, contra a educação. *Folha de S. Paulo*, São Paulo, 27 nov. 2012.

_____. O Sucesso de Sobral. IAB, 2013. Disponível em: <http://www.alfaebeto.org.br/wp-content/uploads/2013/12/Sobral-IAB-21-07.pdf>.

PFEIFFER, J.; SUTTON, R. I. *Hard Facts, dangerous half truth's and total nonsense:* Profiting from evidence-based management. Boston (EUA): Harvard Business School Press, 2006.

POMBO, Olga. O insuportável brilho da escola. In: RENAUT, A. et al. *Direitos e responsabilidades na sociedade educativa*. Lisboa: FCG, 2003. p. 31-59. Disponível em: <http://www.educ.fc.ul.pt/docentes/opombo/investigacao/brilhoescola.pdf>.

PONDÉ, L. F. *Contra um mundo melhor*. São Paulo: Leya, 2010.

PRUYEAR, J. *A conversation with the Minister of Education of Finland*. Washington, D.C. PREAL Blog, May 13, 2014

RAVITCH, D. *The language police:* how pressure groups restrict what students learn. Knopf Doubleday Publishing Group, 2003.

REARDON, S. *Forthcoming in*. Whither opportunity? Rising inequality, schools, and children's life chances. Russell Sage Foundation, 2011.

ROBINSON, K.; HARRIS, A. L. *The broken compass:* parental involvement with children's education. Harvard University Press, 2014

SACKETT, D. L.; ROSENBERG, W. M. C.; GRAY, J. A. M.; HAYNES. R. B.; RICHARDSON, W. S. Evidence based medicine: what it is and what it isn't. *BMJ*, 1996; 312:71

SANTOS, D. A hora de ir para a escola. *Sinais Sociais*, Rio de Janeiro, v. 5, n. 16, p. 38-85, maio-agosto, 2011.

SANTOS, W. G. *Cidadania e justiça:* a política social na ordem brasileira. Rio de Janeiro: Campos, 1979, p. 138.

SCHWARTZMAN, S. *O Centro Paula Souza e a educação profissional no Brasil*. Rio de Janeiro: IETS, mimeo, 2014, p. 35.

SHONKOFF, J.; PHILLIPS, D. *From neurons to neighborhoods:* the science of early childhood development. Washington, DC, USA: National Academies Press, 2000.

SLAVIN, R. E.; FASHOLA, O. S.: *Show me the evidence:* proven and promising programs for America's schools. Thousand Oaks: Corwin, 1998.

SMEDLEY, B. D.; STITH, A. Y.; NELSON, A. R. Unequal treatment: Confronting racial and ethnic disparities in health care. In: *Institute of Medicine Report*. Washington, D. C.: National Academy Press, 2002.

SOARES, J. F.; ALVES, M. T. G. Efeitos das escolas e municípios na qualidade do ensino fundamental. *Cadernos de Pesquisa*, v. 43, n. 149, março de 2013, p. 492-517.

SOARES, T. M.; RIANI, J. L. R.; NÓBREGA, M. C.; SILVA, N. F. Escola de Tempo Integral: resultados do projeto na proficiência dos alunos do Ensino Fundamental das escolas públicas da rede estadual de Minas Gerais. *Ensaio: aval. pol. públ. Educ.*, Rio de Janeiro, v. 22, n. 82, p. 111-130, jan./mar. 2014.

TODOS PELA EDUCAÇÃO. *Anuário Brasileiro da Educação Básica* 2014. São Paulo: Moderna, 2014, p. 165.

TRIVERS, R. The elements of a theory of self-deception. *Annals of the New York Academy of Sciences*, 907, 2000, p. 114-130.

Formato	17 × 24 cm
Tipografia	Iowan OldSt BT 11/15
Papel	Offset Sun Paper 90 g/m² (miolo)
	Supremo 250 g/m² (capa)
Número de páginas	208
Impressão	Yangraf